불친절한
스페인어
실용단어장

불친절한 스페인어 실용단어장

스페인어, 영어, 한글 혼용

출판 나다

a prep ~을, ~에 to, at
para / for
◈ Voy **a** comer la comida Méxicana.
난 멕시칸 음식을 먹을 것이다.

abajo adv 아래에, 아래쪽으로 below, down
debajo / 아래에
◈ Juan está **abajo**, esperándote.
후안이 아래에서 널 기다리고 있다.

abandonar tr 버리다, 포기하다 to give up
abandono / 포기
◈ Él **abandonó** sus estudios para trabajar.
그는 일하기 위해 공부를 포기했다.

abanico m 팬, 부채 fan
ventilador / 선풍기 aire acondicionado / 에어컨
◈ ¿Me prestas tú **abanico**? 네 부채 좀 빌려줄래?

abierto/a adj 열린, 벌어진 open
abertura / 균열, 틈새
◈ ¿De quien es este libro **abierto**?
여기 펼쳐진 이 책은 누구 거니?

abogado/a　m/f　변호사, 대리인　　lawyer
publico prosecutor, fiscal / 검사, 검찰
◈ Mi amigo está estudiando para ser **abogado**.
　내 친구는 변호사가 되기 위해 공부를 하고 있다.

abrazar　tr　껴안다, 포옹하다　　to hug,
　　　　　　　　　　　　　　　　　　　to embrace

abrazo / 포옹 abarcar / 껴안다, 품다
◈ Dame un **abrazo**. 한 번 껴안아 주라.

abrir　tr　열다, 개설하다　　to open
abrirse / 열리다, 시작되다
◈ **Abre** la puerta. 문 좀 열어봐.

abuelo/a　m/f　할아버지,할머니,노인　grandparents
anciano,a / 노인 envejecer / 노화하다
◈ ¿Vive tu **abuelo** en Mazatlán?
　너의 할아버지는 마싸뜰란에 사시니?

aburrirse　tr　따분하다, 지루하다　to bore
aburrido,a / 따분한, 지루한 tedioso, a / 싫증나는
◈ Esta película me **aburre**. 이 영화는 날 지루하게 만들어.

acá　　　adv 이쪽으로　　　here,
　　　　　　　　　　　　　　　　over here
aquí / 이곳, 이곳에
◈ Ven **acá**!! Come here!!
◈ Aquí está. Here it is.

acabar　　tr　　끝내다, 다 써버리다　　to finish
terminar / 끝내다
- ¿Ya **acabaste**? 다 했니?

acceso　　m　　접근, 입장　　access
entrada, admisión / 입장, 출입
- Toma la ruta 2 para tener **acceso** al pueblo.
  마을에 접근하기 위해 2번 루트를 타라.

accidente　　m　　사고, 사건　　accident
incidente / 우발적인 사고
- Luis sufrió un **accidente**. 루이스가 사고를 당했다.

aceite　　m　　기름, 식용유　　oil
lubrificante / 윤활유 petróleo / 석유
- Para esta receta, necesitarás **aceite** de oliva.
  이 레시피를 위해선 올리브유가 필요하다.

acento　　m　　말투, 악센트　　accent
entonación / 억양
- Él tiene **acento** argentino.
  그는 아르헨티나식 억양을 가지고 있다.

aceptar　　tr　　받다, 수락하다　　to accept
adoptar / 받아들이다
- **Acepto** tus disculpas, pero ten cuidado en la próxima.
  너의 사과를 받아들일게 하지만 다음부터는 조심해.

acercarse　tr　가까이 가다, 접근하다　to approach
arrimar / 가까이 가다
◈ Audazmente ella tuvo de **acercarse** al perro.
대담하게도 그녀는 개에게 접근했다.

ácido/a　adj　맛이 신, 산성의, 산　sour
agrio,a / 맛이 신
◈ Este jugo está muy **ácido**. 이 주스는 너무 시다.

acomodar　tr　정리하다, 적용하다　to adjust
arreglar / 정리하다　arreglo / 정리
◈ ¿Terminaste de **acomodar** tu recámara?
네 방 정리를 마쳤니?

aconsejar　tr　충고하다, 조언하다　to advise
consejo / 조언, 충고
◈ Carla me **aconsejó** dejar de fumar.
까를라는 나에게 금연할 것을 조언하였다.

acordarse　tr　기억하다　to remember
acordar / 결정하다, 일치하다　recordar / 기억하다
◈ Me **acordé** que no apagué el horno.
난 오븐을 끄지 않았다는 것을 기억했다.

acostarse　tr　잠자리에 눕다　to put the bed
acostar / 잠자리에 눕히다
◈ Se **acostó** temprano para dormir.
그는 자자기 위해 일찍 잠자리에 누웠다.

actitud f 자세, 태도 attitude
postura / 자세
⏵ Tienes una muy buena **actitud**!
넌 참 좋은 태도를 가지고 있어!

actor m 배우 actor
actriz / 여배우
⏵ Mi **actor** favorito es inglés.
내가 좋아하는 배우는 영국사람이다.

acuerdo m 일치, 동의 agreement
consentimiento / 동의, 승락
⏵ Estoy de **acuerdo** contigo. 네 의견에 동의해(맞는 말이야).

adecuado,a adj 적당한, 적합한 suitable
adecuarse / 적합하다   apropiado,a / 적절한, 적합한
⏵ Eso era el tiempo **adecuado**. 그것은 적절한 타이밍이었다.

adelante adv 앞에, 계속하시오 ahead
delante / 앞에   adelanto / 진보, 발전
⏵ Un poco más **adelante**. 조금 더 앞으로.
⏵ Adelante!! 들어오세요!!

además adv 이외에도, 게다가 besides, furthermore
también / 게다가   adicional / 부가의, 부가세   anexo,a / 부가의
⏵ La comida rápida, **además** de hacerte mal, engorda.
패스트푸드는 너의 몸에 좋지 않을 뿐만 아니라, 살을 찌게 한다.

adentro　　adv　안에, 들어오시오　　　　inside, in
interior / 내부의, 내부
◈ Qué calor hace aquí **adentro**! 여기 안은 너무나 덥구나!

adherír　　tr　붙이다, 접착하다　　　to stick
adhesivo / 접착제
◈ Esta chicle parece casí un **adhesivo** súper.
　이 껌은 거의 초강력 접착제 같은데.

adivinar　　tr　추측하다, 점치다　　　to guess
predecir / 예견하다　conjeturar / 추측하다, 짐작하다
conjetura / 추정, 추측　adivino,a / 점쟁이
◈ Nadie puede **adivinar** el futuro.
　아무도 미래를 예견할 수 없다.

admirar　　tr　감탄시키다, 감격시키다　to admire
admirarse / 감격하다, 감탄하다　admiración / 칭찬
◈ Su habla **admiró** a todo los personas.
　그의 연설은 모든 사람을 감격시켰다.

adónde　　adv　어디에, 어디로　　　　where
dónde / 어디에, 어디로
◈ ¿**Adónde** te fuiste? 너 어디에 갔었어?

aduana　　f　세관　　　　　　　　　customs
aduanero,a / 세관원　trámite / 수속
◈ Proceda a la **aduana**, por favor. 세관검사 쪽으로 가세요.

adulto/a adj 성인의   adult
adolescente / 청소년기의
- Tiene que asistir con el **adulto** responsable.
  책임감 있는 성인과 함께 참석해야 합니다.

aeropuerto m 공항   airport
puerto / 항구
- Tiene que acompañarte al **aeropuerto**.
  그는 너를 공항에 바래다 주어야 해.

afeitadora f 면도기   razor
afeitarse / 면도하다
- **afeitadora** eléctrica. 전기면도기.

afición f 취미, 애호   hobby
gusto / 취미, 기호, 기쁨
- Tengo la **afición** de tocar la guitarra.
  내 취미는 기타연주이다.

afuera adv 밖에, 바깥으로   out, outside
exterior / 외부의, 외부   externo,a / 외면의, 외부의   apariencia / 외모
- Lo dejé estar **afuera** de la recámara.
  방 밖에 있는걸 허락했어.

agarrar tr 붙잡다   to grab
asir, coger / 붙잡다
- Él tuvo que **agarrar** la puerta para que no se cerrara.
  그는 문이 닫히지 않게 잡았어야 했다.

agencia　f　기관, 영업소　　　agency
agente / 대리인　oficina / 사무소
▶ Fui a entrevistarme a una **agencia**.
난 한 에이전시에 면접을 보러 갔다.

agotarse　tr　품절되다, 다 쓰다　　to run out
agotado,a / 절판의, 품절의
▶ Se **agotó** la mercancía que necesitaba.
필요하신 물품이 품절되었습니다.

agradable　adj　즐거운, 안락한　　pleasant
alegre, feliz / 기쁜, 즐거운
▶ He pasado un momento **agradable**.
유쾌한 시간을 보냈습니다.

agregar　tr　덧붙이다, 첨가하다　　to add
adicionar / 덧붙이다　añadir / 첨가하다, 보태다
apéndice / 추가, 부록
▶ Se me olvidó **agregar** algo. 뭔가 덧붙일 것을 잊었다.

agresivo/a　adj　공격적인　　aggressive
defensivo,a / 수비적인, 방어의
▶ Su comportamiento **agresivo** no lo ayudará a conseguir un trabajo.
그의 공격적인 태도는 구직에 도움이 되지 않을 것이다.

agricultura f 농업 agriculture
agricultor,a / 농부 granjero,a / 농부 cultivar / 경작하다
- En el campo, mucha gente se dedica a la **agricultura**.
 시골에선 많은 사람들이 농업에 종사하고 있다.

agua f 물, 비 water, rain
lluvia / 비 aguas termales / 온천
- No me gusta el **agua** gasificada.
 나는 탄산수를 좋아하지 않는다.

aguantar tr 참다, 견디다 to bear
paciencia / 참을성, 인내 sufrir / 참다, 괴로워하다
- Tuve que estar **aguantando** las cosas que decía.
 난 그가 말하는 것들을 참고 듣고 있어야 했다.

aguja f 바늘 needle
coser / 꿰매다 alfiler / 바늘 agujerear / 피어싱하다
- La **aguja** del reloj. 시계바늘

ahora adv 지금, 현재 now
apenas / 겨우
- ¿**Ahora** quieres que te llame? 지금 전화하길 바라는 거야?

ahorrar tr 저축하다 to save
ahorro / 저축, 저금 tacaño / 구두쇠
- Ana no puede **ahorrar** porque se gasta todo el dinero en ropa.
 아나는 돈을 모두 옷 사는데 소비하기 때문에 저축하지 못한다.

aire m 공기, 바람 air
atmósfera / 대기, 공기
- El **aire** del campo es muy agradable.
 시골의 공기는 매우 좋다.

ala f 날개, 깃 wing
cuello / 옷의 깃
- Puedo ver el **ala** del avión desde la ventanilla.
 창가에서는 비행기 날개를 볼 수 있어.

alarma f 경보장치, 알람 alarm
alerta / 경보
- Pusó la **alarma** a las 6 a.m. 알람을 6시에 맞춰두었다.

alcanzar tr ~에 닿다, 도달하다 to reach
llegar / 도착하다 alcance / 도달
- Pablo no pudo **alcanzar** el tren. 빠블로는 기차를 놓쳤다.

alegre adj 기쁜, 즐거운 happy
feliz / 행복한 alegría / 기쁨
- Me **alegre** saberlo mucho. 그것을 알게 되서 너무나 기뻐.

alfombra f 카펫 carpet
cortina / 커튼, 장막
- Ana mandó a lavar la **alfombra**.
 아나는 카펫을 빨래하러 보냈다.

algo pron 어떤 것 something
alguna cosa / 어떤 것, 어떤 일
- Hay **algo** debajo de la mesa. 책상아래 뭔가가 있다.

alguno/a adj 어느, 어떤, 누구 some, someone
alguien / 누구든, 누군가
- ¿Quedó **alguno** en la sala? 거실에 누가 남았니?

alimento m 음식, 식품 food, nutriment
comestibles / 식료품, 식용의
- Se descansa una hora de la jornada para tomar **alimentos**.
  근무시간에서 한 시간은 음식을 먹을수 있도록 쉬게 되어 있다.

aliviar tr 가볍게 하다, 줄이다 to lighten
reducir / 줄이다
- Ese medicamento es bueno para **aliviar** la gripe.
  이 약은 감기증세를 완화시키는데 매우 좋다.

alma f 혼, 영혼 soul
espíritu / 영감   alma gemela / soul mate
- Toda persona tiene una sola **alma**.
  모든 사람은 영혼이 하나다.

almacén m 창고, 백화점 warehouse, departmentstore
bodega / 창고, 저장소
- Pongalo en **almacén**. 창고에다 두어라.

almohada f 베게   pillow

almohadón / 쿠션 funda / 베갯잇

- Esta **almohada** es muy alta para mí.
  이 베게는 내게 너무 높다.

almorzar intr 점심을 먹다   have lunch

almuerzo, merienda / 간식

- ¿Qué **almorzaste**? 점심 뭐 먹었니?

alojarse intr 숙박하다   to stay

alojamiento / 여관, 민박 hostal / 여관, 호스텔
alberque / 여관 posada / 여관

- Quiero **alojarme** por una tres noches.
  한 3일 정도를 묵고 싶은데요.

alquilar tr 임대하다   to rent

arrendar / 임대하다 inquilino,a / tenant

- Esteban **alquiló** una cabaña para el fin de semana.
  에스떼반은 주말을 위해 통나무집을 임대해 두었다.

alrededor adv 주위에, ~경에(시간),   around
　　　　　　　 ~정도의

contorno / 주위, 교외 más o menos / 대략, 정도

- Hay **alrededor** de mil espectadores.
  대략 1천명의 관중들이 모여있다.

alto/a　　adj/m/f　　높은, 고도의,　　high, stop
　　　　　　　　　　　중지, 스탑

altura / 고도의
- Los jugadores de básquet son muy **altos**.
  농구선수들은 키가 크다.

alumno,a　　m/f　　　학생, 동급생　　　student
estudiante / 학생
- Él es un **estudiante** en la Universidad de Moscú.
  그는 모스크바 대학의 학생이다.

amable　　adj　　　친절한　　　　　kind
bondadoso, a / 친절한
- Él es muy **amable** contigo. 그는 네게 정말 친절하다.

amante　　m/f　　　애인, 연인　　　lover
querido, a / 친애하는, 애인
- Él tiene una **amante**. (유부남인)그는 애인이 있다.

ambiente　　m　　　환경, 분위기　　atmosphere
medio / 환경　entorno / 환경, 주위상황
- El **ambiente** del lugar era muy cálido.
  그곳의 분위기는 매우 훈훈했다.

ambos/as　　adj　　양쪽의, 동성모두의　both
los dos / 양쪽 모두
- **Ambos** decidieron ponerse de acuerdo.
  양측 모두 합의하기로 결정했다.

amenazar tr 협박하다 to threaten
chantajear / 협박하다
- ¿Me estás **amenazando**? 나 지금 협박하는 거야?

amigo/a m/f 친구 friend
compañero / 동료
- Tengo una problema con la hermana más vieja del mejor **amiga**.
  난 가장 친한 친구의 언니랑 문제가 있어.

amistad f 우정 friendship
amigabilidad / 우정
- La **amistad** entre el hombre y la mujer no existe.
  남녀 사이에 우정은 존재하지 않아.

amplio/a adj 넓은, 광범위한 spacious, wide
ampliar / 넓히다, 확장하다   ampliación / 확장
- Está muy **amplia** la casa! 집이 참 넓군요!

análisis m 분석 analysis
analizar / 분석하다
- Seguramente tu **análisis** es equivocado.
  확실히 자네의 분석은 잘못됐어.

ancho/a adj 넓은 wide
angosto,a / 좁은
- Este pantalón te queda muy **ancho**.
  이 바지는 네게 (통이)크다.

andar intr 걷다, 가다 to go
caminar / 걷다
- ¿Podrían **andar** más despacio?
조금 더 천천히 걸으면 안되겠니?

ángel m 천사 angel
diablo / 악마
- Eres una bonita bebé como un **ángel**!
너는 천사같이 귀여운 아기구나!

ángulo m 각도, 구석 angle
esquina / 구석
- El triángulo tiene tres **ángulos**. 삼각형은 각도가 세 개이다.

anillo m 반지, 테 ring
arete, pendiente / 귀걸이　collar / 목걸이
aro / 반지, 테　pulsera / 팔찌
- ¿Cuánto te costó este **anillo**? 이 반지 얼마에 샀어요?

animal m 동물 animal
animal doméstico / 가축
- Hay que proteger los **animales**. 동물들을 보호해야 돼.

ánimo m 힘, 자신감, 기분 courage
fuerza / 힘　energía / 에너지
- Julián no está de **ánimo** para salir.
훌리안은 외출할 기분이 아니다.

anoche   adv   어젯밤에   last night

anteanoche / 그저께 밤에   medianoche / 자정
- ¿Escuchaste las noticias **anoche**?
어젯밤에 그 뉴스 들었니?

anotar   tr   기록하다   to score, to write

apuntar / 메모하다, 겨냥하다
- Él **anota** un diario cada día. 그는 매일매일 일기를 적는다.

anteojos   m   안경   glasses

gafas / 안경   lente de contacto / 콘텍트렌즈
gafas de sol / 썬 글라스
- No puedo ver sin mis **anteojos**. 안경 없이는 볼 수가 없는데.

antepasado   m/f   조상, 선조   ancestor

ancestral / 조상의, 유전적인
- Sus **antepasados** son mongoles.
그들의 조상은 몽골리안이다.

antes   prep   ~(시간적인)전에   before

ante / ~(공간적인) 앞에   preceder / ~에 앞서다
- ¿Qué hiciste **antes** de venir? 오기 전에 무엇을 하였니?

anticipo   m   선급금, 가불   advance

pago adelantado / 선급금
- El **anticipo** del pago. 선금

antiguo/a　adj　오래된, 고대의　　　ancient
antigüedad / 골동품
- Esta casa **antigua** perteneció de mi tía.
  이 오래된 집은 내 이모/고모의 소유였다.

anuncio　m　통지, 광고　　　commercial
anunciar / 알리다, 광고하다　denunciar / 공표하다, 고발하다
folleto / 팜플릿　cartel / 포스터　letrero / 플래카드
- El **anuncio** se publicó en la revista A.
  광고는 A잡지에 기재되었다.

año　m　나이, 년　　　year
edad / 나이
- ¿Cuántos **años** tienes? 너 몇 살이니?

apagar　tr　(불이나 전등 등을)끄다　to turn off
encender / 켜다
- Sin querer **apagué** la computadora.
  의도치 않게 컴퓨터 전원을 꺼버리고 말았다.

aparte　adv 따로, 별도로　　　separately
por separado,a / 별도로
- Qué prestaciones te dan, **aparte** del seguro médico?
  의료보험 외 어떤 복리후생을 받고 있니?

apellido　m　성　　　last name
nombre / 이름
- ¿Cuál es tu **apellido**? 네 성은 무엇이니?

apenas　　adv　거의 ~않다,　　　　hardly,
　　　　　　　　　~하자마자　　　　　　as soon as

casi no / 거의 ~않다
- Se salió **apenas** tú llegaste. 네가 오자마자 떠났어.

apetito　　m　식욕　　　　appetite
aperitivo / 전채음식
- ¿No tienes **apetito**? 식욕이 없니?

aplauso　　m　박수, 칭찬　　　　applause
abuchear / 야유하다
- El cantante recibió muchos **aplausos** después su función.
  그 가수는 공연 후 박수갈채를 받았다.

aplazar　　tr　연기하다, 늦추다　　to postpone
alargar / 연장하다, 늦추다　demorar / 지체시키다
posponer / 연기하다
- Me **aplacé** en Matemáticas. 나 수학에 낙제했어.

aplicar　　tr　붙이다, 첨부하다　　to apply
pegar, adicionar / 붙이다
- Marta se **aplicó** la mascarilla facial.
  마르따는 얼굴 팩을 발랐다.

apodo　　m　별명　　　　nickname
mote / 별명
- Ella no tiene un **apodo**. 그녀는 별명이 없어.

apostar tr 내기를 하다 to bet
apuesta / 내기
→ Él **apostó** todo lo que tenía. 그는 가진 모든 것을 걸었다.

apoyar tr 지지하다, 기대다 to support, to lean
secundar / 지지하다
→ No se **apoye** en la puerta. 문에 기대지 마시오.

aprender tr 배우다 to learn
estudiar / 공부하다
→ ¿Dónde **aprendiste** esa palabra? 그 단어는 어디서 배웠니?

aprobar tr 인정하다, 합격하다 to approve, to pass
admitir / 인정하다
→ Diana **aprobó** el examen de ingreso.
디아나는 입학시험에 합격했다.

aprovechar intr 이용하다 to use
usar, utilizar / 이용하다
→ Hay que **aprovechar** esta oportunidad.
이 기회를 잡아야 한다.

apuntar tr 겨냥하다, 메모하다 to aim, to note
notar / 메모하다
→ ¿Hacia dónde **apunta** esa flecha?
이 화살표는 어디를 가리키고 있습니까?

aquel/lla adj 그, 저 that
aquél,lla / 저 것, 저 사람 aquello / 저 것
- **aquel** caso / that case **aquel** auto / that car

aquí adv 여기, 이곳 here
allá / 저쪽에, 아주 먼 옛날에
allí / 저기, 저쪽에 ahí / 거기, 그쪽에
- **Aquí** es el lugar donde se descubrió.
  여기가 발견된 곳이다.

árbitro m 중재자, 경기 심판 judge, referee
juez / 재판관, 판사
- Todos estaban en contra del **árbitro**, pero él mantuvo su postura.
  모두들 심판의 판정에 동의하지 않았지만, 그는 자신의 소신을 지켰다.

árbol m 나무 tree
planta / 나무, 식물 carpintero / 목수 bambu / 대나무
- ¿Se tendrá que talar ese **árbol**?
  저 나무를 베어야 하겠습니까?

arco m 아치 arch
arcoíris / 무지개
- El **arco** y la flecha. 활과 화살

área f 면적, 구역 area
región / 지역
◈ Esa **área** es muy tranquila. 그 구역은 무척 안전해.

arena f 모래 sand
tierra / 흙, 땅
◈ Samanta le gusta el mar donde hay mucha **arena**.
사만따는 모래가 많은 해변을 좋아한다.

arma f 무기 weapon
armarse / 무장하다
◈ El ladrón entró al local con un **arma**.
도둑이 무기를 들고 가게 안으로 들어갔다.

aroma m 향기 scent
perfume / 향기, 향수
◈ Me gusta el **aroma** de este jabón. 난 이 비누의 향이 좋아.

arquitectura f 건축 architecture
construcción / 건축, 건설
◈ Juan estudia **arquitectura**.
후안은 건축학을 공부하고 있다.

arreglar tr 수리하다, 정리하다 to fix, to repair
reparar / 수리하다
◈ ¿Ya terminaste de **arreglar** la puerta?
문 수리를 마쳤니?

arrepentirse tr 후회하다 to regret
arrepentimiento / 후회 remordimiento / 후회
- Me **arrepiento** de haberme salido de casa.
  난 집 나온 것을 후회한다.

arresto m 체포 arrest
arrestar / 체포하다 detención / 체포 prender / 체포하다
- Los policías deben mostrar su placa antes del **arresto**.
  경찰은 체포 전에 면장을 보여야 한다.

arriba adv 위로, 위에 above
encima / 위에
- El lápiz está **arriba** de la mesa. 연필은 책상 위에 있다.

arrogante adj 거만한 arrogant
orgulloso,a / 자긍심 있는
- Ese hombre me parece muy **arrogante**.
  저 남자는 너무 건방진 것 같애.

arruga f 주름 wrinkle
pliegue / 주름, 주름치마
- Mi mamá quiere recibir un tratamiento para las **arrugas**.
  엄마는 주름을 위한 마사지를 받고 싶어하신다.

arte m/f 예술, 미술 art
artista / 예술가 pinacoteca / art gallery
◈ Vale la pena visitar el Museo de **Arte** Moderno.
현대 미술박물관은 방문할 가치가 있다.

artículo m 항목, 신문기사 article, articulation
mercancía / 상품, 제품
◈ No disponemos más de este **artículo**.
이 품목은 더 이상 취급하지 않습니다.

artificial adj 인공의, 인위적인 artificial
humanitario,a / 인간적인 sintético,a / 합성의, 인조의
◈ No me gusta el sabor **artificial** de fruta.
난 조미된 과일 맛을 좋아하지 않아.

asado/a adj 구운 roast, barbecue
tostado, a / 구운, 볶은 ahumado,a / 훈제의
◈ Me encanta el **asado** argentino.
난 아르헨티나식 고기구이를 정말 좋아한다.

ascender intr 오르다, 승진하다 to ascend, to promote
montar, promover / 오르다, 승진하다
◈ Este elevador esta **ascendiendo**.
이 엘리베이터는 올라가고 있습니다.

así adv 이렇게, 그렇게 like this, like that
así como así / just like that
◈ **Así** es. 맞아.

asiento   m   의자, 좌석   seat
silla / 의자   asiento de ventanilla / 창가 좌석
- Debes ceder el **asiento** a los mayores.
  노약자에게 좌석을 양보해야 한다.

asistir   tr   참석하다   to attend
asistencia / 참석, 출석
- Él tomó un F para la **asistencia** pobre.
  그는 출석미달로 F학점을 받았다.

aspirar   tr   들이마시다,   to breath, to inhale
                  포부를 가지다
respirar, inhalar / 숨쉬다   exhalar / 숨을 내쉬다
- Ella **aspiró** el aire fresca.
  그녀는 신선한 공기를 마셨다.

asunto   m   주제, 문제   matter, subject
tema / 주제, 테마
- No hablemos más de ese **asunto**.
  그 문제에 대해 더 이상 논하지 말자.

asustar   tr   놀라게 하다   to frighten
sorprender / 놀라게 하다   asombrar / 놀라게 하다
repentino,a / 갑작스러운
- Las películas de terror me **asustan** mucho.
  공포영화들은 날 무섭게 한다.

atacar　　tr　　공격하다　　　　　　to attack
ataque / 공격　asaltar / 공격하다
◦▶ Un animal salvaje **atacó** el rancho.
한 야생동물이 농가를 침입했다.

atajo　　m　　지름길　　　　　　short cut
camino mas corto / 지름길
◦▶ Este camino es un **atajo**. 이 길은 지름길이다.

atar　　tr　　묶다, 동여매다　　　to tie
liar / 묶다
◦▶ **Átale** las zapatillas. 그에게 신발 끈을 묶어주어라.

atender　　intr　　주의를 기울이다,　　to attend to
　　　　　　　　　　돌보다
atención / 주목
◦▶ Hay que **atender** a los clientes con paciencia.
고객들에겐 인내를 가지고 대해야 한다.

atractivo/a adj 매력 있는　　　　attractivo
atracción / 인력, 매력　encanto / 매력　atraer / 끌어당기다
◦▶ Eres muy **atractiva**. 그대는 정말 매력적이예요.

atrapar　　tr　　잡다　　　　　　to trap,
　　　　　　　　　　　　　　　　　to catch
coger / 잡다, 붙들다
◦▶ Me quedé **atrapada** en el baño. 나 화장실에 갇혀 있었어.

atrás　　adv 뒤에, 뒷부분　　　back
espalda / 뒤쪽
◈ Fíjate **atrás** tuyo. 네 뒤를 확인해봐.

atrasado/a adv 늦은, 체납　　overdue
tarde / 늦은　atrasarse / 늦어지다
◈ Se **atrasó** el tren. 기차가 늦었다.

atravesar　tr　가로지르다, 횡단하다　to cross
cruzar / 가로지르다
◈ Tuve que **atravesar** momentos difíciles.
난 참 어려운 시기를 지나야 했다.

aumentar　tr　증가하다　　　to increase, to raise
aumento / 증대, 증가
◈ **Aumento** de producción o población.
생산 혹은 인구의 증가

aun　　adv 또한, ~마저　　　even
aún / 아직(부정적인 yet) aunque / 비록 ~하더라도(although)
◈ **aun** asi / nevertheless

auto　　m　자동차　　　　car
autobús / 버스　autopista / 고속도로
◈ Vayamos en mi **auto**.
우리 내 차로 가자.

29

autor,a   m/f   저자   author, writer
escritor,a / 작가
- Él es un **autor** anónimo. 그는 익명의 저자이다.

ausencia   f   부재, 결석   absence
ausente / 결석하여
- Nadie notó su **ausencia**. 아무도 그의 빈자리를 느끼지 못했다.

auxiliar   tr/adj   돕다, 구제하다, 보조의   to help

ayudar / 도와주다
- Ana trabaja de **auxiliar** contable.
  아나는 회계보조 일을 하고 있다.

avanzar   intr   전진하다   to advance
progresar / 전진하다
- Esta bicicleta no **avanza** más.
  이 자전거는 더 이상 전진하지 않는다(고장 났다)

avenida   m/f   대로, 큰길, 홍수   avenue
carretera / 고속도로
- Tercero **avenida**. 3번가.

aventura   f   모험   adventure
aventurarse / 모험하다
- A muchos les gusta la **aventura**, pero no muchos se animan a ella.
  많은 이들이 모험을 좋아하지만, 많지 않은 이들이 이를 시도한다.

avión　　m　비행기　　　　　　airplane
azafata / 스튜어디스　aeropista / 활주로
- Llegué justo a tiempo para tomar el **avión**.
  비행기를 타기 위해 제시간에 도착했다.

aviso　　m　통지, 알림　　　　notice
avisar / 알리다, 통지하다
- ¿Leíste el **aviso** general?
  전체공지를 읽어보았니?

ayer　　　adv　어제　　　　　　yesterday
anteayer / 그저께
- ¿A qué hora llegaste **ayer**?
  어제 몇 시에 도착했니?

ayudar　　tr　도와주다, 원조하다　to help, to aid
socorrer / 돕다
- ¿Me podrías **ayudar** con la tarea?
  내 숙제를 도와줄 수 있겠니?

azotea　　f　옥상　　　　　　　roof
terraza / 옥상
- El técnico subió a la **azotea** para verificar el cableado.
  기술자는 옥상에 올라가 전기설치를 점검하였다.

bailar intr 춤추다 to dance
baile, danza / 댄스
◈ ¿Le gustaría **bailar** conmigo? 나와 춤을 추시겠습니까?

bajar intr 내리다, 내려가다, to go down
　　　　　　　　　낮추다
baja / 하락, 인하　descender / 내려가다
◈ Ten cuidado al **bajar** las escaleras. 계단 내려올 때 조심해.

bajo,a prep/adj ～아래 under, low
debajo / 아래
◈ Este tacón es muy **bajo**. 이 하이힐굽 너무 낮아.

balance m 균형, 잔고 balance
equilbrio / 균형　saldo / 은행의 잔고　armonía / 조화, 하모니
◈ Para una buena salud, debe existir **balance** en la alimentación.
건강을 위해선, 균형 잡힌 식사가 필요하다.

balón m 큰 공 ball
pelota / 작은 공
◈ A los niños les gustan jugar con el **balón**.
어린이들은 공을 가지고 노는 것을 좋아한다.

banco m 은행   bank
cajero,a / 출납직원, 현금인출기   banca / 은행, 은행가
» Fui a hacer unos trámites en el **banco**.
몇 가지 업무를 위해 은행을 찾았다.

bandera f 깃발, 국기   lag
pabellón / 국기, 천막   himno nacional / 국가
» ¿Cuándo celebran el día de la **bandera**?
언제 국기의 날을 기념합니까?

bañarse tr 목욕하다   to bath
bañar / 목욕시키다   bañera / 욕조
» Se hace difícil **bañar** al perro.
강아지 목욕시키는 일은 매우 힘들다.

baño m 화장실, 목욕   restroom, bath
servicio / 화장실   azulejo / 타일
» Me urge ir al **baño**. 화장실이 급해.

barato/a adj 값이 싼   cheap
económico / 경제적인, 싼
» Aquí está más **barato** que en la otra tienda.
이곳이 다른 가게보다 더 싸다.

barbero/a m/f 이발사, 미용사   barber
peluquería / 이발소, 미용실
» Necesito el **barbero**. 이발사가 필요한데요.

barco m 배 ship
nave / 배
- Viajar en **barco** da muchas náuseas.
 배 여행은 멀미를 동반한다.

barrer tr 청소하다 to sweep
limpiar / 청소하다
- Los domingos me toca **barrer** el patio.
 이번 일요일엔 내가 마당을 쓸어야 한다.

básico/a adj 기본의, 기초의 basic
base / 기초, 근거, 바탕
- Estoy en el nivel **básico**, pero igual no entiendo las lecciones.
 난 기본단계를 듣고 있는데도 수업내용을 이해하지 못하겠어.

bastante adj 상당한, 충분한 enough
bastar / 충분하다 suficiente / 충분한, 꽤 많은
- Él gana lo **bastante** para sus gastos, pero no lo suficiente para sus lujos.
 그는 자신의 경비를 위해선 충분하지만 사치를 위해선 불충분한 돈을 번다.

báscula f 저울 scales
balanza / 저울
- Esta **báscula** debe estar fallando.
 이 저울은 고장 났을 것이다.

basura   f   쓰레기, 쓰레기통   garbage
basurero / 청소부
◈ ¿Sacaste la **basura**? 쓰레기는 버렸니?

batalla   f   전쟁, 전투   battle
guerra / 전쟁
◈ La **batalla** es siempre al fuerte.
전쟁은 항상 강자의 것이다.

beber   tr   마시다   to drink
bebida / 음료수   tomar / 마시다
◈ Me gusta ir a **beber** con mis amigos.
난 친구들과 (술)마시러 가는 것을 즐긴다.

beca   f   장학금   scholarship
ingreso / 입학   admisión / 입학, 허가
◈ Raúl postuló para esa **beca**. 라울은 그 장학금을 신청했다.

belleza   f   미, 아름다움   beauty
hermosura / 아름다움
◈ Salón de **belleza**. 미용실

bello/a   adj   아름다운   beautiful
bonito,a / 아름다운
◈ La **bella** y la bestia. 미녀와 야수(명사로 쓰임)

beneficio m 이익, 복지 benefit
beneficiar / 이익을 주다 ganancia, interés / 이익, 소득
◈ ¿Qué **beneficios** te dan? 어떤 혜택들을 받고 있니?

besar tr 키스하다 to kiss
beso / 키스 besarse / 서로 입 맞추다 guiño / 윙크
◈ **Bésame** mucho. 키스를 퍼부어 주세요.

Biblia f 성경 bible
parroquia / 교회, 교구 mesías / 메시아
◈ A través de la **Biblia** pude conocer a Dios.
성경을 통해 난 하나님을 알 수 있었다.

biblioteca f 도서관 library
archivo / 문서보관소 carpeta / 폴더
◈ Los miembros de la **biblioteca** pueden prestar los libros a casa.
도서관의 회원들은 책을 집으로 대여해 갈 수 있다.

bicicleta f 자전거 bicycle
motocicleta / 오토바이
◈ Cómo me gusta andar en **bicicleta**!
자전거 타는걸 얼마나 좋아하는지!

bien adv 좋은, 잘한 good
bueno / 좋은
◈ Estuvo muy **bien** lo que hiciste! 네가 한 일은 참 잘한 일이야!

bienvenido/a　　adj　　환영합니다　　welcome
felicitaciones / 축하합니다
◈ **Bienvenido** a Corea!
　한국에 오신 것을 환영합니다!

billete　　m　　표, 탑승권　　ticket
boleto,a / 티켓
◈ ¿Tienes para cambiarme este **billete**?
　이 표를 바꾸어 줄 잔돈이 있니?

blando/a　　adj　　연한, 부드러운　　mild
suave / 부드러운
◈ Prueba estos caramelos **blandos**.
　이 소프트한 캐러멜을 먹어 봐.

bloque　　m　　블록, 한 구역　　block
manzana / 한 구역, (과일)사과
◈ Sólo hay que ir dos **bloques** más.
　두 블록만 더 가면 됩니다.

boda　　f　　결혼식　　wedding
matrimonio / 부부, 결혼, 결혼식
◈ ¿Cómo van los preparativos para la **boda**?
　결혼식 준비는 어떻게 되어가?

bodega　f　창고　　　　　storage
almacén / 창고
🔹 La **bodega** está bien organizada por ingreso de productos.
창고는 제품입고일 기준으로 잘 정리가 되어 있다.

boleto/a　m/f　입장권　　　ticket
taquillaje / 극장 입장권　cupón / 쿠폰
🔹 Conserve esta **boleta**, que es comprobante de su pago.
이 영수증이 당신 지불 증명서이므로 잘 보관하십시오.

bolsa　f　주머니, 지갑, 주식　pocket, handbag, stock
bolsillo / 호주머니　cesto / 바구니, 바스켓
🔹 ¿Me pasas mi **bolsa**? 내 가방 좀 건네 주겠니?

bomba　f　펌프, 폭탄　　　pump, bomb
bombero / 소방수
🔹 El estallido de la **bomba** causó pánico entre la multitud.
폭탄폭발은 군중의 패닉을 일으켰다.

bonito/a　adj　귀여운, 예쁜　　pretty
lindo, a / 귀여운　hermoso,a / 아름다운, 예쁜
🔹 ¿Quién es la más **bonita** de la clase?
반에서 제일 예쁜 여자아이가 누구니?

bonificación   m   보너스   bonus
gratificación / 보너스
- ¿Cuánto te pagaron por la **bonificación** anual?
  년간 보너스로 얼마를 주었니?

borracho/a   adj   술에 취한   drunk
resaca / 숙취   ebrio,a / 술취한
- Ese señor siempre está **borracho**.
  저 아저씨는 늘 술에 취해 있어.

borrar   tr   지우다   to erase
borrarse / 지워지다
- Quisiera **borrar** todos los errores de mi pasado.
  내 과거의 모든 잘못을 지우고만 싶다.

bosque   m   숲, 삼림   forest
selva / 밀림   jungla / 정글
- El hombre andaba en el **bosque**.
  한 남자가 숲 속을 걷고 있었다.

bostezo   m   하품   yawn
bostezar / 하품하다   eructo / 하품
- Esto es maneras malas para **bostezar** delante de la gente.
  사람들 앞에서 하품하는 것은 실례이다.

botella f 병 bottle
frasco / 병
⮕ ¿Pásame otra **botella** de cerveza?
맥주 한 병 더 건네줄래?

breve adj 짧은, 간결한 brief
sencillo, a / 간단한   conciso,a / 간결한
⮕ En **breve**. 요약하자면.

broma f 농담 joke
chiste / 농담
⮕ ¿Todo esto se trataba de una **broma**?
이 모든 것이 순 장난이었다고?

brujo/a m/f 마법사, 마술사 magician
mágico / 마법사
⮕ ¿Tu novia es una **bruja**. Cómo se enteró de todo?
네 여자친구는 마녀인 가봐. 어떻게 모든 사실을 알게 된 거야?

bueno/a adj 좋은 good
mejor / 좋은, 더 나은   estupendo,a / 엄청나게 좋은
magnífico,a / 훌륭한
⮕ Él parece ser **bueno**, pero no lo es.
그는 착해 보이지만, 사실은 그렇지 않다.

buscar　　tr　　찾다, 구하다　　　　　to search,
　　　　　　　　　　　　　　　　　　　　to look for

solicitar / 구하다, 찾다
⋯⋙ Estoy **buscando** un inquilino para la casa.
　세입자를 찾고 있습니다.

buzón　　m　　우체통　　　　　　　mailbox
correo / 우편, 우편함
⋯⋙ No es fácil ver **buzones** en estos días.
　요즘 우체통 보기가 쉽지가 않다.

caballero m 신사 gentleman
señores / 신사
◈ A las mujeres les gustan los **caballeros**.
여자들은 신사적인 남자를 좋아한다.

cabaña f 오두막집 cabin
rancho / 캠프, 막사
◈ Esta **cabaña** está en renta.
이 통나무집은 임대 가능하다.

cable m 전선, 케이블방송 cable
cadena / 방송국, 체인 alambre / 철선, 전선
◈ ¿Tiene televisión por **cable**? 케이블 방송이 나오나요?

cada adj 각각의, ~마다 each
individual / 개인적인, 개개의
◈ Hay que regar la planta **cada** 3 días.
화초는 3일마다 물을 주어야 한다.

caer intr 떨어지다, 넘어지다 to fall
caída / 추락 rodar / 구르다, 쓰러지다
◈ Me **caí** de las escaleras. 나 계단에서 넘어졌어.

caja　　f　　상자, 박스　　　box, case
empaque / 포장　portátil / 작은 상자
- ¿Tú sabes la contraseña de la **caja** fuerte?
  넌 금고의 비밀번호를 알고 있니?

cajero/a　　m/f　　현금지급기, 출납원 cash machine, teller
contador,a / 회계사, 출납원
- Este **cajero** es el empleado de este mes.
  이 텔러는 이 달의 직원이다.

cajón　　m　　서랍　　　　　drawer
tocador / 화장대
- En este **cajón** conservo mis recuerdos de infancia.
  이 서랍에 난 내 어린 시절의 추억거리들을 보관한다.

calcular　tr　　계산하다　　　to count
calculadora / 계산기　mostrador / 계산대, 카운터
- Me cuesta **calcular** la distancia recorrida.
  지나온 거리를 측정하는 것이 어렵다.

caldo　　m　　수프, 국물　　　soup
sopa / 수프
- El **caldo** de pollo. 닭고기 육수.

calendario m　　달력　　　　calendar
almanaque / 달력
- Déjemos mirar el **calendario**. 달력을 보자구.

calentar tr 데우다, 뜨겁게 하다 to heat
calentador / 히터
- Solo **calienta** esta pizza en el microondas.
  그냥 이 피자를 전자레인지에 데우기만 해라.

calidad f 품질, 퀄러티 quality
cualidad / 특성, 퀄러티 alta calidad / 고품질
- Este producto es de mala **calidad**.
  이 제품은 품질이 좋지 않다.

caliente adj 뜨거운, 더운 hot, warm
calor / 더운 calentamiento / 가열 estufa / 난로
- Bebida **caliente**. 뜨거운 음료.

callar tr 조용히 하게하다 to shut up
callarse / 조용히 하다 tranquilizar / 조용하게 하다
- ¿Podrías **callar** a tu perro?
  네 개를 조용히 시킬 수 없겠니?
- **Cállarte!** 조용히 해!

calle f 거리 street
camino / 길
- Vivo en la **calle** Florencia. 난 플로렌시아 길에 산다.

calma f 평온함, 조용함 calm
calmarse / 진정하다 quieto,a / 조용함
- Me es difícil mantener la **calma**.
  평정을 유지하기 힘들다.

calor m 열, 더운 warm, heat
celo / 열심, 열의 calefacción / 난방
- Qué **calor** que hace aquí! 여긴 정말 덥구나!

cama f 침대 bed
lecho / 침대
- ¿Es cama sencilla o **cama** doble?
  싱글침대입니까, 더블침대입니까?

camarero,a m/f 웨이터, 웨이트레스 waiter, waitress
mesero,a / 웨이터 encargado,da / 지배인, 매니저
- El **camarero** trajo el menú. 웨이터가 메뉴를 가지고 왔어.

cambiar tr 바꾸다, 환전하다 to change
alterar / 바꾸다, 변경하다 convertir / 바꾸다, 변화시키다
reemplazar / 교환하다, 대체하다
- **Cambia** tu contraseña regularmente.
  주기적으로 암호(비밀번호)를 변경하십시오.

cambio m 잔돈, 변화, 환전 change, exchange
intercambio / 상호 교류 resto / 나머지, 잔금
- No tengo **cambio**. 잔돈이 없습니다.

caminar intr 걷다 to walk
andar / 걷다, 가다
- Me gusta **caminar** por este barrio.
  난 이 동네로 걸어 다니기를 좋아해.

camino　m　길　　　　　　　　way, road
calle / 길
◈ ¿Qué **camino** es el más corto para llegar al supermercado?
슈퍼마켓에 도착하려면 어느 길이 가장 빠르죠?

camión　m　소형트럭　　　　　truck
camioneta / 소형트럭
◈ Sabes manejar un **camión**? 트럭 운전할 줄 아니?

campana　f　종　　　　　　　bell
campaña / 캠페인
◈ Al sonar la **campana**, todos salieron del aula.
종소리가 울리자마자 모두들 교실을 나섰다.

campeón　m　챔피언　　　　　champion
contendiente / 도전자　aspirante / 지원자　reto / 도전, 도발
◈ Eres un **campeón**! 너는 챔피언이야!

campo　m　시골, 전원　　　　countryside
campesino,a / 농부　huerta / 과수원　provincia / 시골
◈ Germán le gusta cabalgar en el **campo**.
헤르만은 시골에서 말 타는 것을 좋아한다.

canal　m　채널, 수로　　　　channel
locutor,a / 진행자, 아나운서　acequia, alcatarilla / 하수도
◈ Este **canal** es muy aburrido.
이 채널의 프로그램은 정말 지루하다.

cancelar　　tr　　취소하다　　　　　　to cancel
cancelación / 취소, 해약　suspenderse / 취소되다
rescisión / 취소, 해약
- Quiero **cancelar** esta boleta.
  이 티켓을 취소하고 싶은데요.

cancha　　f　　운동장, 경기장　　　field, court
estadio / 경기장
- Los domingos vamos a la **cancha** a jugar a la pelota.
  우리는 일요일엔 축구를 하러 모인다.

canción　　f　　노래　　　　　　　song
canto / 노래
- Esta **canción** es la que más suena en estos días.
  이 노래가 요즘 가장 인기 있는 노래이다.

candela　　f　　양초　　　　　　　candle
vela / 양초, 야간 일
- ¿Has apagado la **candela**? 양초 껐어?

cansado/a　adj　피곤한　　　　　　tired
cansar / 피곤하게 하다　cansarse / 지치다　fatigarse / 피곤하다
- ¿Ya te **cansaste**? 벌써 지친 거니?

cantar　　intr　　노래하다　　　　　to sing
cantante / 가수
- Solo **canto** en la ducha. 난 샤워할 때만 노래를 해.

cantidad　f　양, 수량　　　　quantity
calidad / 질
◈ Me podría especificar la **cantidad** que necesita?
필요하신 수량을 정확히 알려주실 수 있습니까?

capacidad　f　능력, 자격　　ability, capacity
capaz / 능력 있는　facultad / 능력　suficiencia / 능력
◈ Se comprará esta maquinaria para aumentar la **capacidad** de producción.
생산능력을 증가시키기 위해 이 기계는 구매될 것이다.

capital　　f　수도, 자본　　　capital
mayúscula / 대문자
◈ La utilidad incrementará el **capital**.
이익은 자본을 증가시킬 것이다.

capitán　　m　대장, 캡틴　　captain
líder / 리더, 지도자
◈ Nash es un verdadero **capitán** de los Suns.
내쉬는 진정한 선스의 캡틴이야.

carácter　m　성격, 특징　　character
singularidad / 특성　temperamento / 성격
◈ Qué mal **carácter**!
태도가 참 나쁘구나!

cárcel　f　교도소　　　　prison

prisión / 교도소　encarcelar / 구속하다
- Lo condenaron a dos años de **cárcel** por su delito.
그는 범죄로 수감 2년 형을 선고 받았다.

cargar　tr　짐을 싣다, 로딩하다　to charge, to load

descargar / 짐을 내리다　flete / 운임, 선임
- Ando **cargada** de trabajo. 난 일에 치여 살고 있어.

cargo　m　무거운 짐, 임무　　loading, obligation

embarque / 선적　descarga / 하역　misión / 임무
- La bebida corre a **cargo** del restaurante.
음료수는 식당의 서비스이다.

caricatura　f　만화, 캐리커쳐　　cartoon
animación / 애니메이션
- Qué buena **caricatura**!
정말 멋진 캐리커쳐구나!

cariño　m　자기, 여보　　love, honey, darling

querido,a / 애인, 정부
- Nos tenemos mucho **cariño**, pero ya no nos amamos.
서로에게 끈끈한 정을 느끼고 있긴 하지만, 더 이상 서로 사랑하지는 않아.

caro/a　　adj　비싼　　　　　　　expensive
costoso,a / 값비싼
◈ ¿No le parece que está muy **caro**?
　이것이 너무 비싸다고는 생각하지 않습니까?

carrera　　f　경력, 레이스　　　career, race
antecedente / 전과, 전례, 앞선
◈ ¿Quién ganó la **carrera**?
　누가 달리기에 우승하였니?

carretera　　f　고속도로　　　　highway
asfalto / 아스팔트　pavimento / 포장길　autopista / 고속도로
◈ Tome la **carretera**!
　고속도로를 타!

carro　　m　차　　　　　　　　car
automóbil, coche / 자동차
◈ Diana se compró un **carro** nuevo. 디아나는 새 차를 샀다.

carta　　f　편지　　　　　　　letter
tarjeta ilustrada / 그림엽서
◈ Te llegó esta **carta**. 이 편지가 네게 도착했어.

cartera　　f　지갑　　　　　　wallet
bolsa / 지갑, 핸드백
◈ Qué linda **cartera**!
　정말 예쁜 가방이구나!

casa　　　f　집, 가정　　　　　house, home
domicilio / 주소, 주거　doméstico,a / 가정의, 국내의
caseta / 방갈로　casilla / 사물함
- Esta **casa** ha sido deshabitada por mucho tiempo.
이 집은 오랫동안 사람이 살지 않았다.

casarse　　tr　결혼하다　　　　to marry
maridar / 결혼하다　casar / 결혼시키다
- Me **casé** por conveniencia. 편의 때문에 결혼했어.

casi　　　adv　거의　　　　almost, nearly
casi casi / 거의
- Ya son **casi** las doce. 벌써 거의 열 두시다.

caso　　　m　경우, 사건　　　　case
ocasión / 경우, 사건　acto / 행동, 행위
- Él ya no me hace **caso**. 그는 더 이상 내 말을 듣지 않는다.

castigar　　tr　벌하다　　　　to punish
condenar / 형량을 매기다　pena / 유감, 벌, 형벌
- A Camila la **castigaron**, por eso no puede salir de su casa.
까밀라는 벌을 받아서 외출할 수가 없다.

castillo　　m　성　　　　castle
fortaleza / 성
- Qué lindo **castillo** de arena! 참 예쁜 모래성이구나!

causa　　f　　이유, 원인　　　　　cause
razón / 이유
◈ Ella no pudo saber la **causa** de su despido.
그녀는 자신의 해고이유를 알 수 없었다.

cazar　　tr　　사냥하다　　　　　to hunt
caza / 사냥　cazador,a / 사냥꾼
◈ Está prohibido **cazar** en esta zona.
이 지역에서 사냥은 금지되어 있다.

ceder　　tr　　양보하다　　　　　to yield
concesión / 양보
◈ Él me **cedió** su turno.
그는 자신의 순번을 내게 양보했다.

celebrar　　tr　　축하하다　　　　to celebrate
celebrarse / 열리다　aniversario / 기념식　felicitar / 축하하다
◈ Vayamos a **celebrar** este gran día.
이 중요한 날을 축하하러 가자.

celoso/a　　adj　　질투하는　　　　jealous
envidiar / 시기하다　envidioso,a / 시기하는　celos / 질투
◈ Mi novio está **celoso** de mi amigo.
내 애인은 내 남자친구를 질투한다.

cena f 저녁식사 dinner
cenar / 저녁식사 하다
- Para el día del cumpleaños de la abuela, tendremos una **cena** familiar.
  할머니 생신엔 온 가족이 저녁을 먹을 예정이다.

ceniza f 재 ash
cenicero / 재떨이
- El incendio solo dejó **cenizas**. 화재는 재만 남겼을 뿐이다.

cepillo m 솔 brush
cepillo de dientes / 칫솔 gárgaras / 양치질
- Solo me he traido el **cepillo** de dientes!
  나 혼자 칫솔을 가지고 왔다니!

cerca adv 가까이 near, close
próximo,a / 인접한, 다가오는
- La oficina está **cerca** de mi casa.
  사무실은 내 집 근처에 있다.

ceremonia f 식, 의식 ceremony
rito / 의식
- Era una **ceremonia** muy linda.
  참 아름다운 의식이었다.

cerilla f 성냥 match
fósforo / 성냥
- ¿Tienes un **cerillo**? 성냥 좀 있습니까?

53

cerrar　tr　닫다　　　　to close
cerrado,a / 닫힌
- ¿**Cerraste** la puerta con llave?
문을 열쇠로 잠갔니?

certificar　tr　증명하다, 보증하다　to certify
certificación / 증명서　certificado,a / 등기우편, 증명서
- ¿Puede usted **certificar** que este es una copia fiel?
이것이 확실한 사본임을 증명할 수 있겠어?

cerveza　f　맥주　　　　beer
chela / 맥주　vino / 포도주
- **cerveza** en lata / 캔맥주　**cerveza** negra / 흑맥주

ciclo　m　주기, 순환　　cycle
circulación / 순환
- El **ciclo** será de un año. 순환주기는 1년일 것이다.

cielo　m　하늘, 신　　　sky, heaven,
la gloria de Dios / 신의 영광
- Está despejado el **cielo**! 하늘이 화창하구나!

ciencia　f　과학, 학문　　science, knowledge
estudio, conocimiento / 학문
- Para lavar los platos no hace falta mucha **ciencia**!
설거지하는데 무슨 과학이 필요하다고!

cierto/a　adj　확실한　　sure, certain
seguro, a / 확실한　fiel / 확실한
- Es **cierto** lo que dices! 네가 한 말이 옳아!

cigarro　m　담배　　cigarette
tabaco / 담배　fumar / 담배를 피우다　cigarrillo / 담배
- El **cigarrillo** es muy peligroso a su salud.
  담배는 당신의 건강에 무척 위험하다.

cima　f　꼭대기, 정상　　top, peak
cumbre / 정상
- Pude llegar a la **cima** de la montaña.
  산 정상에 도달할 수 있었다.

cine　m　영화, 극장　　cinema
película / 영화　teatro / 극장
- Me encanta ir al **cine** con mis amigos.
  난 친구들과 극장에 가는 것을 좋아한다.

cínico/a　adj　냉소적인　　cynical
pesimista / 비관적인
- Qué **cínico** que eres! 넌 참 위선적이구나!

cinta　f　리본, 벨트　　ribbon, belt
　　　　　　테이프　　tape
cinturón / 벨트
- ¿Tienes **cinta** de embalar? 포장용 테이프가 있니?

circo m 써커스 circus
representación / 공연, 상영 función / 공연
- El **circo** de las estrellas. 별들의 써커스.

círculo m 원, 서클모임 circle
esfera / 구체 paréntesis / 괄호
- Es un **círculo** vicioso. 그것은 안 좋은 써클이야.

cita f 약속, 데이트 appointment, date
promesa, compromiso / 약속
- Daniela está muy nerviosa por su **cita**.
  다니엘라는 데이트 때문에 긴장된 상태이다.

ciudad f 시, 도시 city
municipal / 시의 civil / 시의, 민간의
- Por fin pude conocer toda la **ciudad** completa.
  드디어 전체 도시를 구경할 수 있었어.

claro/a adj 밝은, 확실한 clear
cierto / 확실한
- ¿Está todo **claro**? 모두 확실해?

clase f 클래스, 종류 class, kind
género / 종류 especie / 종, 종류 categoría / 범주
- Jaime falta muy seguido a su **clase**.
  하이메는 너무 자주 결석한다.

clasificar tr 분류하다 to sort
ordenar / 정리 정돈하다
◈ Tienes que **clasificar** bien. 분류 잘해야 해.

clave f 암호, 코드 password, code
contraseña / 암호
◈ ¿Cuál es la **clave** de la caja fuerte?
금고 암호가 뭐야?

clavo m 못 nail
martillo / 망치 tornillo / 나사못
◈ Pásame el **clavo** y el martillo. 못하고 망치 좀 건네 줘.

cliente m/f 손님, 고객 customer
parroquiano, a / 고객, 단골
◈ El **cliente** siempre tiene la razón. 고객은 항상 옳다.

clima m 기후 climate
tiempo / 날씨 cambios climáticos / 기후변화
◈ Espero que mañana el **clima** está lindo.
내일 날씨가 좋았으면 좋겠다.

club m 클럽 club
asociación / 조합, 단체
◈ Vayamos al **club** del centro esta noche.
오늘밤 시내클럽으로 가자.

cobertura　f　　덮개, 커버　　　cover
tapadera / 뚜껑
- El teléfono móvil no tiene **cobertura**.
이 휴대폰 통신망은 좋지 않다.

cobrar　　tr　　돈을 받다　　　to receive
ganar / 돈을 벌다
- **Cobramos** únicamente en efectivo. 저흰 현금만 받습니다.

cocer　　tr　　삶다, 찌다　　to boil
cocido / 삶은, 찐　manir / 삶다, 익히다　freir / 튀기다
- Tengo que **cocer** la verdura primera.
먼저 야채를 삶아야 한다.

coche　　m　　자동차　　　automobile, car
carro / 차　cochera / 차고, 주차장
- Me encantaría tener un **coche** deportivo.
스포츠카가 있으면 좋겠다.

cocina　　f　　부엌, 요리　　kitchen, cuisine
guiso / 요리　gastrónomo,a / 미식가
- Esta **cocina** está muy sucia. 이 부엌은 너무 지저분하다.

cocinar　　tr　　요리하다,　　to cook
　　　　　　　음식을 만들다
cocinero,a / 요리사
- Me encanta **cocinar**. 난 요리하는 것을 좋아한다.

código m 코드, 법전, 암호 code, lawbook, password

clave / 암호
- Se necesita ingresar el **código** para poder pasar.
  이곳을 통과하기 위해선 암호가 필요합니다.

coger tr 잡다, 쥐다 to grab, to take
asir / 붙잡다, 쥐다 agarrar / 꽉 잡다, 쥐다
- ¿Puedes **coger** el periódico? 신문 좀 가져다 주겠니?

coincidencia f 일치, 우연한 조우 coincidence
casualidad / 우연 eventual / 우연한 azar / 우연
- Es una **coincidencia** encontrarnos en este lugar!
  이곳에서 만나다니 정말 우연이다!

cola f 꼬리, 말미, 줄 queue, tail
rabo / 꼬리
- Hubo mucha **cola** para pagar las cuentas.
  영수증을 지불하기 위한 줄이 너무 길었다.

colaborar intr 협력하다 to cooperate
colaboración / 협력, 합작 cooperación / 협력, 협조
- Gracias por su **cooperación**. 협조해주셔서 감사합니다.

colgar tr 매달다, to hang up,
          전화를 끊다 to hang out
suspender / 매달다 telefonear / 전화를 걸다
- Enojada **colgué** el teléfono. 화난 상태에서 전화를 끊었다.

combinar　tr　조합하다,　　　　to put together
　　　　　　　　짜 맞추다

combinación / 조합, 결합

◦▸ Rosado es una **combinación** de blanco y rojo.
핑크는 하양과 빨강의 조합이다.

comenzar　tr　시작하다, 개시하다　to begin, to start
comienzo / 시작, 개시

◦▸ **Comencemos** desde un principio. 처음부터 시작해 보자.

comer　　tr　먹다　　　　　　to eat
alimentarse / 먹다

◦▸ Qué quieren **comer** hoy? 너희들 오늘 무엇을 먹고 싶니?

comercial　m　광고　　　　　commercial
anuncio / 광고

◦▸ Es una película muy **comercial**.
이 영화는 매우 상업적인 영화이다.

comercio　m　무역, 상업　　　trade
intercambiar / 서로 교환하다

◦▸ Los días domingo no abren los **comercios**.
상점들은 일요일이 휴무이다.

comida　f　음식, 요리　　　food, meal
gastronomía / 식도락　alimento / 음식

◦▸ Me gusta la **comida** de Argentina.
난 아르헨티나 음식을 좋아한다.

como   adv   ~처럼,~와 같은   as, like

cual / ~와 같은, ~처럼

- **Como** te dije la vez pasada~.
  지난번에 말했던 것과 같이~.

cómo   adv   어떻게, 무엇 때문에   how, why

- ¿**Cómo** estás? / How are you?
  Cómo pasó el accidente? 사고는 어떻게 일어난 거니?

cómodo/a   adj   편리한, 안락한   comfortable

confortable / 편안한   conveniencia / 편의

- Qué **cómodo** es este sofá! 이 소파는 정말 편하구나!

compañero/a   m/f   동료, 친구   partner, friend

colega / 동료

- Juan es mi **compañero** de clase.
  후안은 나와 같은 과목을 듣고 있다.

compañía   f   회사, 동행   company

compresa / 기업체, 회사

- Me gusta tu **compañía**. 너의 동행이 편하다.

comparar　　tr　비교하다　　　　to compare
comparación / 비교　incomparable / 비교할 수 없는
equiparar / 비교하다
◈ **Comparemos** el antes y el después.
전과 후를 비교해 보자.

compartir　　tr　나누다, 분배하다,　to share
　　　　　　　　　　공유하다
compartimiento / 공유, 분담　participación / 분배, 참가
◈ No me gusta **compartir** mis cosas.
난 내 물건을 나누어 쓰는 것을 좋아하지 않는데.

compensar　　tr　보상, 분배하다　　to compensate
indemnizar / 배상하다
◈ Te **compensaré** por todo lo que hiciste.
네가 해준 모든 것을 보상해 줄 것이다.

competición　f　경쟁, 시합　　　competition
competir / 경쟁하다　emularse / 경쟁하다
◈ Se abre una **competición** de natación.
수영시합이 열린다.

completo/a　adj　완벽한, 완전한　　complete
perfecto.a / 완벽한, 훌륭한
◈ Está muy **completo**. 매우 알찬 내용이다.

complicado/a adj 복잡한   complicated
complejo,a / 복잡한
➩ Se **complica** mucho en todo.
그는 모든 것을 복잡하게만 생각한다.

componer tr 조립하다,   to compose
                 작곡하다

compositor,a / 작곡가
➩ **Compuse** esta canción para vos.
이 노래는 너를 위해 작곡한 거야.

comprar tr 사다, 구입하다   to buy
compra / 구매   adquirir / 얻다, 획득하다
➩ Esta vez le tocó ir a **comprar**.
이번엔 네가 사러 가야 해.

comprender tr 이해하다   to understand
comprensión / 이해   entender / 이해하다
➩ No **comprendo** lo que me dices.
네 말을 이해할 수가 없어.

comprobar tr 확인하다,   to check,
                  대조하다   to prove
comparar / 대조하다, 비교하다
➩ ¿ Lo has **comprobado** una vez más?
너 한번 더 확인했어?

compromiso m   타협, 약속, 약혼   compromise, engagement

comprometer / 약속하다   concentimiento / 합의, 동의
- Tienes que cumplir con tus **compromisos**.
  넌 네 약속들을 지켜야 한다.

común   adj   보통의, 일반적인   common

ordinario,a / 보통의   usual / 일반적인
- Es un crimen **común**.
  그것은 일반적인 범죄야.

con   prep   ~와, ~와 함께   with

conmigo / 나와 함께   contigo / 너와 함께
- ¿**Con** quién estuviste durante todo este tiempo?
  이제까지 누구랑 있었던 거니?

concentrar   tr   집중시키다   to concentrate

concentración / 집중, 집중력   apasionarse / 열중하다
despistado,a / 부주의한, 건성의
- La gente se **concentró** en la plaza principal.
  사람들은 중심공원에 모였다.

conciencia   f   양심   conscience

concienzudo,a / 양심적인
- Mi **conciencia** me pinchó.   양심의 가책을 받았다.

concierto　m　음악회　　　　concert
concurso / 콩쿠르, 군중, 퀴즈경연
◈ Fue muy bueno el **concierto** de esta noche!
오늘저녁 콘서트는 매우 좋았다!

concordia　f　화합, 화해　　　harmony
reconciliación / 화해, 조정
◈ Llegaron a la **concordia** luego de meses de conflicto.
몇 달간의 분쟁 끝에 결국 합의를 보게 되었다.

concluir　tr　끝내다, 결론을 짓다　to complete
conclusión / 결론, 결정, 체결
◈ ¿A qué hora **concluyó** el partido? 경기가 몇 시에 끝났죠?

conducir　tr　운전하다, 지휘하다　to drive
　　　　　　　　　　　　　　　　to lead
conductor / 운전수　manejar / 운전하다
◈ Damián **conduce** el camión hace años.
다미안은 몇 년 전부터 트럭을 몰았다.

conectar　tr　연결시키다　　　to connect
conexión / 연결　interruptor / 스위치　enlazar / 연결하다, 잇다
◈ Estuve esperando a que se **conectase**.
그가 접속하기를 기다리고 있었다.

confesar tr 고백하다, 자각하다 to confess
confesión / 자백, 고백
- Le **confesé** lo que había hecho.
  난 내가 한 짓을 그에게 고백하였다.

confianza f 신뢰, 신용 trust, confidence
confiarse / 믿다, 신뢰하다
- Te tengo mucha **confianza**. 난 너를 정말 믿고 있어.

confirmar tr 확인하다 to confirm
comprobar, verificar / 확인하다
- **Confírmamelo** hasta el día de mañana.
  내일까지 확인해 줘.

confortable adj 쾌적한, 편안한 comfortable
cómodo,a / 편안한
- Este sillón es muy **confortable**. 이 쇼파는 매우 편안하다.

confundir tr 혼동하다, 헷갈리다 to confuse
confusión / 혼란
- Me **confundí** de calle. 길 이름을 혼동했어요.

congelado m 냉동식품 frozen
congelar / 얼리다
- Se le **congelaron** los dedos por el frío que hacía.
  추위 때문에 손가락이 꽁꽁 얼었다.

conocer　　tr　　알고있다　　　　　　to know
desconocer / 모르다, 모른척하다　reconocer / 인지하다, 승인하다
- No **conozco** esa ciudad. 그 도시를 알지 못합니다.

conocido/a　adj/　알려진, 아는 사람　well known,
　　　　　　　m/f　　　　　　　　　　acquaintance
conocimiento / 지식, 학문　conocedor,a / 지식인
- Se me hace **conocida** la calle. 이 길이 낯이 익은데요.

conquistar　tr　　정복하다　　　　　to conquer
conquista / 정복　dominar / 지배하다
- Carlos pudo **conquistar** a la mujer de su sueños.
　까를로스는 그의 꿈의 여인을 쟁취할(얻을) 수 있었다.

consecuencia f　　결과　　　　　　result, outcome
resultado / 결과
- Su actitud irresponsable trajo serias **consecuencias**.
　그의 무책임한 태도가 심각한 결과를 초래했다.

consecutivo/a adj　연속적으로　　　consecutive
sucesivo,a / 연속적인　estable / steady
- Lunes y martes son días **consecutivos**.
　월요일과 화요일은 연이은 날들이다.

conseguir　tr　　얻다, 입수하다　　to get, to obtain
obtener / 얻다, 획득하다
- ¿**Conseguiste** lo que te pedí? 네가 요청한 것을 구했니?

consejero/a   m/f   조언자, 카운셀러   adviser, councilor

consejo / 조언, 충고
- Tengo a mi hermana como mi mejor **consejera**.
  내 언니/누나는 나의 최고의 조언자이다.

conservativo/a adj   보수의   conservative
progresivo,a / 진보적인   trivial / 진부한, 고리타분한
estricto,a / 엄격한   severo,a / 엄격한
- Pablo es muy **conservador**. 빠블로는 매우 보수적이다.

conservar   tr   보존하다   to keep
guardar/ 지키다, 보관하다
- La Biblioteca Nacional **conserva** varios manuscritos del siglo XV.
  국립도서관은 15세기 필기문을 보존하고 있다.

construir   tr   건설하다, 건축하다   to construct
construcción / 건축, 건축물   arquitector,a / 건축가
renovar / 리노베이트하다
- ¿Cuándo se **construyó** este estadio?
  이 경기장이 언제 건축되었지?

consultar   tr   상담하다   to consult
consulta / 상담, 질문
- Fui a **consultar** con mi padre sobre el asunto.
  이 문제에 대해 아버지에게 상의하러 갔다.

consumir　tr　소비하다　　　　to consume
consumidor,a / 소비자
◈ Los niños de hoy **consumen** cada vez menos vegetales.
요즘 어린이들은 점점 야채를 먹지 않는다.

contacto　m　접촉, 연락　　　contact
convenio / 협정, 협약　enchufe / 접속플러그
◈ Nos mantendremos en **contacto**. 우리 계속 연락하자.

contar　tr　계산하다, 이야기하다　to count
narrar / 이야기하다　recuento / 재계산, 재고정리
contabilidad / 회계
◈ Mi sobrina ya sabe **contar** hasta cien.
내 조카는 벌써 100까지 셀 수 있다.

contento/a adj　만족한, 기쁜　　　happy
alegre / 기쁜　contentor / 기쁘게하다　contentarse / 기뻐하다
◈ Te veo muy **contenta** desde que estás en pareja.
남자친구가 생긴 이후 더 밝아 보인다.

contestar　tr　대답하다, 전화를 받다　to answer
responder / 응답하다
◈ Se tardó mucho en **contestar** el teléfono.
그는 전화를 받는데 오래 걸렸다.

contestación m 답 answer
respuesta / 대답
→ No he recibido su **contestación** en mi correo.
내 메일에 대한 회신을 받지 못했다.

contra prep ~에 반하여, ~에 대항하여 against
por otra parte / 한편, 반대로는 adverso,a / 역의, 반대의
→ Actuó **contra** su voluntad.
그는 그의 의지와 반대로 행동했다.

contrario/a adj 역의, 반대의 opposite
opuesto / 반대의, 역의
→ Siempre hace lo **contrario** de lo que quiere.
그는 항상 그가 하고 싶은것과는 반대로 행동한다.

contrato m 계약, 계약서 contract
contratar / 계약하다, 채용하다, 대조하다 tratado / 계약, 협정
→ ¿Ya firmaste el **contrato**? 계약서에 싸인을 했니?

conversar intr 대화하다 to talk
conversación / 대화 diálogo / 대화 coloquio / 대화, 대담
comunicarse / 대화하다 comunicación / 통신, 연락
→ No quiero más **conversar** con ellos.
그들과 더이상 대화를 하고 싶지 않습니다.

cooperativo/a adj 협력의 cooperative
cooperar / 협력하다, 협동하다   coordinar / 협력하다
→ Estamos haciendo una colecta **cooperativa**.
우린 구호모금을 하고 있다.

copa f 잔, 트로피 wine glass, cup, trophy

trofeo / 트로피
→ Es bueno para la salud tomar una **copa** de vino al día.
하루에 와인 한잔은 몸에 좋다.

copia f 복사 copy
copiar / 카피를 하다   reproducción / 복사, 모사
→ No se aceptan **copias**, solo originales.
사본은 받지 않고, 원본을 받습니다.

corazón m 심장, 마음 heart
cardiaco,a / 심장의, 심장병환자
→ Te lo digo de **corazón**. 진심으로 우러나온 얘기야.

corona f 왕관 crown
rey / 왕   reina / 여왕
→ Nos hicimos una **corona** de flores.
꽃으로 왕관을 만들었다.

correcto/a　adj　정확한　　　　　　correct
justo / 옳은, 정당한
◈ Hizo lo **correcto**. 그는 옳게 행동하였다.

corregir　tr　수정하다, 고치다　　to modify,
　　　　　　　　　　　　　　　　　　　to reform
modificar / 수정하다　enmienda / 수정, 교정
◈ Pablo **corrigió** su forma de hablar.
빠블로는 말하는 습관을 고쳤다.

correo　m　우편물　　　　　　　　mail, post
correspondencia / 통신, 서신
◈ ¿Recibiste el **correo** que te envié?
내가 보낸 메일/우편물을 받아보았니?

correr　intr　달리다　　　　　　　to run
recorrer / 돌아다니다
◈ ¿Querrás ir a **correr** al parque mañana?
내일 공원에 조깅하러 갈래?

correspondencia　f　환승, 통신　　correspondence
correo / 우편, 우편함
◈ Fue a recoger la **correspondencia**.
그는 우편물을 가지러 나갔다.

corriente　adj/f　흐르는, 평범한,　　usual, normal
　　　　　　　　　　　흐름, 개천　　　　　　stream
fluidez / 유창한
⋯▶ Es un error muy **corriente**⋯. 그거 꽤 평범한 실순데⋯

cortar　　tr　　자르다, 베다　　　to cut
cortaúñas / 손톱깎이　corte / 단면, 절단면
⋯▶ Ayer fui al salón a **cortarme** el pelo.
　어제 난 머리를 자르러 미용실에 갔다.

cortesía　f　　예절, 예의　　　　courtesy
amabilidad / 호의, 친절　bondad / 친절
⋯▶ Nos ha tratado con **cortesía** y delicadeza.
　그는 우리를 예의바르고 섬세하게 대해주었다.

corto/a　adj　　짧은, 단편의　　short, brief
cortado,a / 잘려진　breve / 간결한
⋯▶ Laura se puso una falda muy **corta**.
　라우라는 매우 짧은 치마를 입었다.

cosa　　f　　일, 것　　　　　　thing
objeto / 일, 것, 목적
⋯▶ ¿Qué es esta **cosa** que trajiste?
　네가 가져온 이것은 무엇이니?

cosecha　f　수확　　　　　　　harvest
cosechar / 수확하다　recolección / 수확, 회수
- Los políticos luchaban por obtener una buena **cosecha** de votos.
  정치인들은 득표 수확을 위해 노력하고 있었다.

cosquillas　f　간지럼　　　　　tickle
estornudo / 재채기
- Marcos es muy **cosquilloso**. 마르꼬스는 간지럼을 잘 타.

costa　f　해안　　　　　　　　coast
litoral / 해안지방, 해안
- Le gusta pasear en la **costa**.
  그는 해변에서 산책하기를 좋아한다.

costo　m　비용, 경비　　　　　cost
costar / 비용이 들다　coste / 비용　importe / 요금, 대금
- Esa cámara le **costó** un ojo.
  이 사진기는 그에게 많은 돈이 들었다.(costarle un ojo: 매우 비싼 돈이 들었다)

costumbre　f　습관, 관습　　　custom, habit
hábito / 습관　convención / 관습
- Pablo tiene la **costumbre** de leer un libro antes de dormir.
  빠블로는 잠들기 전 책을 읽는 습관이 있다.

costura　f　바느질, 봉제　　sewing
aguja / 바늘
- Ella va a clase de **costura**. 그녀는 재단 수업을 들으러 간다.

crear　tr　창조하다　　to create
el Creador / 창조주
- Ha conseguido **crear** un ambiente muy agradable.
  그는 유쾌한 분위기를 만드는데 성공했다.
- Dios **creo** al mundo en siete días.
  하나님은 천지를 7일에 창조하셨다.

crecer　intr　성장하다, 자라다　to grow
crecimiento / 성장, 증가
- Yo **crecí** en Bulkwang-dong. 난 불광동에서 자랐어.

crédito　m　신용　　credit
acreditar / 신용하다, 보증하다　fiable / 신용할 수 있는
- ¿Aceptan tarjetas de **crédito**? 신용카드는 받습니까?

creer　tr　믿다, 신용하다　to believe, to trust
confianza / 신용, 신뢰
- Sí, te **creo**. 어. 난 널 믿어.

criminal　adj　범죄의, 형사의　criminal
crimen / 범죄　delito / 범죄, 죄　delincuente / 범죄자
- Los policías atraparon al **criminal** que secuestró al chico.
  경찰들이 남자아이를 납치한 범죄자를 잡았다.

crisis　　f　　위기, 난국　　　　crisis
peligro / 위험
- Esa pareja está pasando por una **crisis**.
이 커플은 현재 위기이다.

cruce　　m　　사거리, 교차로　　crosswalk
intersección / 교차점
- Me encontré con Ana en el **cruce** de la avenida.
나는 대로 건널목에서 아나를 만났다.

crudo/a　　adj　　숙취의, 날것의　　hangover, raw
verde / 싱싱한, 날것의　vivo,a / 살아 있는
- La carne ha quedado **cruda**. 고기가 덜 익었다.

cruel　　adj　　잔인한　　　　cruel
brutal / 잔인한　atrocidad / 잔학, 포악
- Él fue descrito como muy **cruel** carácter.
그는 정말 잔인한 캐릭터로 묘사되어있어.

cruz　　f　　십자가　　　　cross
cruzar / 가로 지르다　aspa / 십자형
- Marca con una **cruz** la respuesta correcta.
정답에 x표를 표기하시오.

cuadra　　f　　(거리의)블록　　block
bloque / 블록
- El cine está a un par de **cuadras**.
극장은 여기에서 몇 블록 정도에 떨어져 있다.

cuaderno　m　공책　　　notebook

apunte / 노트 agenda, libreta / 수첩, 메모장

◈ Tengo que comprar un **cuaderno**.
　나 노트를 한권 사야 하는데.

cuadrado/a　adj　정사각형의　　square

cuarteto / quartet(4중주)

◈ Este piso es de 120 metros **cuadrados**.
　이 아파트는 120 미터이다.

cuadro　m　그림, 틀, 4각　painting, frame

bastidor / 틀, 테 triángulo / 삼각형

◈ Que **cuadro** tan exótico. 참 특이한 그림이구나.

cuál　pron　(둘중의)어떤 것,　which
　　　　　　　　어느것

cualquiera / 누구라도, 아무거나(anyone, anything)

◈ ¿**Cuál** era el nombre de la película?
　영화의 제목이 뭐였더라?

cuando　conj　~일때, ~할때　when

cuándo / 언제

◈ ¿desde **cuándo**? / since when?
◈ Ven **cuando** quieras. 오고 싶을때 와.

cuanto,a　adj　~하는 것,　as much as
　　　　　　　　~하는 만큼

cuánto,a / 얼마, 몇 개

77

- ¿**Cuántos** años tiene usted? / How old are you?
  cuanto antes / as soon as possible.

cubierta　　f　　덮개, 커버　　　　　　cover
tapa / 뚜껑, 덮개
- Darío compró una **cubierta** para su automóvil.
  다리오는 자신의 차를 위한 덮개를 구입했다.

cubrir　　tr　　덮다, 씌우다　　　　to cover
tapar / 덮다, 씌우다
- **Cubrieron** los baches con asfalto.
  그들은 거리의 구덩이를 아스팔트로 메웠다.

cuchara　　f　　숟가락　　　　　　spoon
palillo / 젓가락
- La **cuchara** se coloca a la derecha del plato.
  숟가락은 접시의 오른쪽에 놓는 것이다.

cuchillo　　m　　칼　　　　　　　knife
espada / 칼, 검　navaja / 작은칼
- Baja ese **cuchillo** antes que se lastime alguien.
  누가 다치기 전에 그 칼을 내려 놓아라.

cuenta　　f　　계산서, 계좌　　　check, bill, account

contabilidad / 회계　justificante / 증명서, 영수증
- Se equivocó con las **cuentas**. 그는 계산에 틀렸다.

cuento m 이야기, 우화 story
fábula / 우화 relato / 스토리 provervio / 격언
- Te relato como un **cuento** lo que pasó.
  무슨 일이 일어났는지 이야기 해 줄게.

cuerda f 끈, 줄 rope
soga / 밧줄
- Necesito cambiarle la **cuerda** a la guitarra.
  기타의 줄을 바꾸어야 하겠다.

cuero m 가죽 leather
cáscara / 껍질
- Qué lindo terno de **cuero** que te compraste!
  네가 산 가죽점퍼 정말 멋지구나!

cuerpo m 몸매, 몸 body
con estilo / 스타일리쉬 한
- Le han salido ronchas por todo el **cuerpo**.
  그는 온 몸에 두드러기가 났다.

cuestión f 문제, 화제 question, issue
tema / 문제, 이슈
- Esa es la **cuestión**. 그게 문제인 것이다.

cuidado m 조심, 걱정 careful
cuidar / 돌보다, 조심하다 precaver / 조심하다, 예비하다
- Ten **cuidado** al cruzar la calle.
  길을 건널 때엔 항상 조심하여라.

culpa   f   실수, 잘못   fault, mistake
error / 실수
- Juan no puede liberarse del sentimiento de **culpa**.
  후안은 죄책감을 떨칠 수가 없었다.

cultura   f   문화   culture
civilización / 문명
- Es un personaje muy introducido en el mundo de la **cultura**.
  그는 문화쪽에 아주 깊이 빠져버린 사람이다.

cumbre   f   정상, 탑   summit, top
cima / 정상
- El hotel está en la **cumbre** de la montaña.
  호텔은 산의 정상에 있다.

cumpleaños   m   생일   birthday
aniversario / 기념일
- Festejamos el **cumpleaños** en un lugar muy lindo.
  우리는 생일을 아주 멋진 곳에서 축하하였다.

cumplir   tr   완수하다, 달성하다   to carry out
llevar a cabo / 임무를 완수하다
- Es algo que tengo que **cumplir**.
  이것은 내가 지켜야 할 일이다.

cuota f 몫, 할당분 share, quota
parte / 배당, 몫
» Él tiene que pagar las **cuotas** dentro de este mes.
그는 이번 달까지 할부금을 납부해야 한다.

cura f 치료 cure
curar / 치료하다 sanar / 치료하다
» ¿Es esto **curable**? 이것은 치료가 가능한가요?

curioso/a adj 호기심이 있는, 신기한 curious
curiosidad / 호기심
» La **curiosidad** mató al gato.
호기심이 너무 많으면 문제가 생긴다(속담)

curso m 강의, 코스 course
clase / 강의
» Estoy en el **curso** de inglés. 난 영어학원을 다닌다.

curvo/a adj 커브의, 굽은 curve
curva / 곡선, 커브
» Se marea por las **curvas** de la carretera.
난 도로의 S도로가 어지럽다.

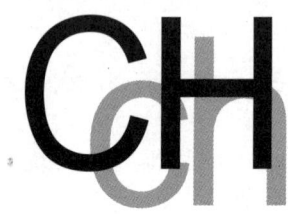

champú m 샴푸 shampoo
aclarado / 린스
- ¿Qué **champú** usas? 너 무슨 샴푸 쓰니?

charlar tr 잡담하다 to chat, to talk
parlotear / 잡담하다
- ¿De qué estaban **charlando**?
  너희들 무엇에 대해 이야기 하고 있었니?

chequear tr 체크하다 to check
confirmar / 확인하다 revisar / 체크하다
- Mi secretaria **chequea** mi agenda.
  내 비서가 내 스케줄을 확인한다.

cheque m 수표 cheque
talón / 수표전표
- No se aceptan **cheques** para compras iniciales.
  첫 구매에 수표는 받지 않습니다.

chico/a　adj　작은, 어린　　　　small, little
pequeño,a / 작은, 어린
↠ Ese **chico** es mi hermano.
　저 남자아이는 내 남동생이다.

chistoso/a adj　웃긴, 재미난　　　funny
divertido,a / 재미있는
↠ ¿Te parece **chistoso**? (이 상황이)웃기니?

chocar　　intr　충돌하다, 부딪히다　to crash
choque / 충돌
↠ Ese auto **chocó** contra la pared. 저 차가 벽에 부딪혔다.

chofer　　m/f　운전수　　　　　driver
conductor / 운전수
↠ El **chofer** del autobús desconocía la calle.
　버스기사는 길을 알지 못했다.

chupar　　tr　빨다　　　　　　to suck
absorber / 흡수하다　mamar / 빨다　lamer / 핥다
↠ ¿Tu bebé todavía se **chupa** los dedos?
　네 아기는 아직도 손가락을 빠니?

dama f 부인 lady
señora / 부인
◈ Solo para **damas**. 여성전용

danza f 댄스 dance
baile / 춤
◈ ¿Cuál es la **danza** tradicional de México?
멕시코의 전통 춤은 무엇입니까?

daño m 손해 damage
dañar / 해치다, 상처를 주다 perjuicio / 손해
◈ ¿Te hicieron **daño**? 네게 해를 입혔니?

dar tr 주다 to give
conceder / 주다, 양도하다 facilitar / 제공하다, 주다
sacrificio / 희생 proveer / 주다, 준비하다
◈ Me gusta **dar** regalos a mis amigos.
난 내 친구들에게 선물하는 것을 좋아한다.

dato m 자료 data, piece of information
datos / information
◈ Base de **datos**. 데이터 베이스.

de　　　　prep　　~의, ~에서부터　　of, from
desde / ~로부터
⋅»¿**De** dónde eres? 넌 어디 출신이니?

deber　　tr/m　　~해야한다,　　to owe, duty
　　　　　　　　　빚, 의무
obligación / 의무
⋅»Carla terminó sus **deberes** hace una hora.
까를라는 그녀의 일(숙제)를 한시간 전에 끝냈다.

débil　　adj　　약한　　　　weak
flojo,a / 느슨한, 약한
⋅»Se muestra **débil** con su novio.
그녀는 자신의 남자친구 앞에선 약한 모습을 보인다.

decepcionar tr　　실망시키다　　to disappoint
decepción / 실망
⋅»Me **decepcionaste**! 넌 날 실망시켰어!

decidir　　tr　　결정하다, 결심하다　to decide
determinar / 결정하다
⋅»Tengo que **decidir** ya mismo. 난 지금 당장 결정해야 한다.

decir　　tr　　말하다　　　　to say
hablar / 말하다　cuchichear / 속삭이다
⋅»¿Qué me **dijiste**? (나보고)뭐라고 했냐?

85

decisión f 결정   decision
determinación / 결정
◈ Fue una **decisión** difícil. 정말 어려운 결정이었어.

declarar tr 선언하다   to declare
declaración / 발표, 고백
◈ El tribunal le **declaró** inocente.
법정은 그를 무죄로 선언하였다.

decorar tr 꾸미다, 장식하다   to decorate
decoración / 장식   adornar / 꾸미다, 장식하다
ataviar / 장식하다
◈ Tenemos que **decorar** el comedor.
다이닝룸을 장식해야겠어.

dedicar tr 바치다, 봉헌하다   to dedicate
dedicación / 봉헌, 헌신
◈ Le **dedicó** mucho tiempo al estudio.
그는 공부에 많은 시간을 들였다.

deducir tr 빼다, 추론하다   to deduct, to deduce

deducción / 뺌, 추론
◈ **Dedujimos** que él no era culpable.
우리는 그가 무죄였다고 추론했다.

defecto m 결점, 단점   defect

vicio / 결점, 흠   ventaja / 장점, 우월성
- Su peor **defecto** es la soberbia.
그의 최대단점은 자만함이다.

defender tr 보호하다, 방어하다   to defend

defensa / 방어, 수비
- Te voy a **defender** a toda costa.
무슨 일이 있어도 널 지킬게.

dejar tr 놓다, 남다 그만두다   to leave , to abandon, to give up

abandonar / 버리다, 떠나다
- Quiero **dejar** el trabajo. 나 일을 그만두고 싶어.

delante adv 앞에, 전면에   in front of

frente / 정면
- Se puso **delante** mío. 그는 내 앞에 끼어들었다.

delgado/a adj 가는, 마른   thin

grueso / 두꺼운, 굵은   flaco,a / 마른, 여윈   ágil / 민첩한, 날쌘
- Hace dieta para estar **delgada**.
그녀는 마르기 위해 다이어트를 한다.

delicado/a adj 섬세한, 까다로운   delicate

quisquilloso / 화를 잘내는
- Este vestido es muy **delicado**. 이 드레스는 참 우아하다.

delicioso/a   adj   맛있는   delicious, tasty

sabroso,a / 맛있는
- ¡Qué **deliciosa** está la comida! 음식이 참 맛있구나!

demandar   tr   고소하다, 요구하다, 주문하다   to sue, to demand

demanda / 주문, 청구   exigir / 요구하다, 청구하다
- ¡Te voy a **demandar**! 널 고소할거야!

demás   adj   그밖의, 나머지의 것들   the others

otro,as / 나머지들
- ¿Dónde están los **demás**?
  나머지 사람들은 어디에 있는거야?

demasiado/a   adj   지나친, 너무 많은   too much
excesivo,a / 지나친   exceso / 과열, 과잉
enorme / 거대한, 큰   abundante / 풍부한, 많은
- Es **demasiado** para mi. 이건 (내가 감당하기에는) 너무해.

demorar   tr   연기시키다, 미루다   to delay
retrasar / 지연시키다, 연기하다   retraso / 지연, 연착
retardar / 시간에 늦다, 지체하다
- Juan se **demoró** en llegar a casa.
  후안은 집에 도착하는데 시간이 좀 걸렸다.

demostrar tr 증명하다, 입증하다 to prove
demostración / 증명, 시위
- ¿Cómo **demostrarle** lo que siento por ella?
  그녀에게 내 마음을 어떻게 전할까?

dentífrico m 치약 toothpaste
gargaras / 양치질, 가글
- Pasta **dentífrica**. 치약

dentro adv 안에, 속으로 inside
adentro / 안으로, 속으로
- Abre lo que hay **dentro** del sobre.
  봉투 안에 있는 것을 열어봐.

denunciar tr 알리다, 고발하다, to report
비난하다 to denounce
quejarse / 불평하다, 투덜대다
- **Denuncio** a la policía que sea corrupta.
  그는 부패한 경찰을 고발했다.

departamento m 아파트, 부서, 구획 apartment
apartamento / 아파트
- Laura vive sola en un **departamento** grande.
  라우라는 큰 아파트에서 혼자 살고 있다.

depender intr　～에 달려있다　to depend
dependencia / 소속, 지점
◈ **Depende** mucho de mí. 이것은 나에게 달렸어.

deporte m　운동, 스포츠　sport
deportivo,a / 스포츠의　fanatico,a / (열광적인)팬
◈ Me encanta hacer **deporte**.
난 운동하는 것을 매우 좋아한다.

depósito m　보증금　deposit
depositar / 보관하다, 예탁하다
◈ Tienes que **depositar** hasta mañana.
너 내일까지 입금시켜야 해.

depresión f　디프레션, 우울증, 압축　depression
abatimiento / 쇠락, 저하, 우울
◈ El experto lo trata para la **depresión**.
전문가가 그의 우울증을 치료하고 있다.

derecho/a adj/f　똑바른, 우측의　right, right side
izquierdo,a / 좌측의　diestro,a / 우측의, 오른편의
◈ A los zurdos les molesta escribir con la mano **derecha**.
왼손잡이들은 오른손으로 글씨를 쓰는 것을 불편해 한다.

derecho adv/m　권리, 권한　straight, right
papel / 권리, 역할
◈ Me fui **derecho** a casa. 나 바로 집으로 갔는걸.

derretir　　tr　녹이다　　　　　　　to melt
derretirse / 녹다　fundir / 녹이다, 용해시키다
· Se **derretió** el helado. 아이스크림이 녹아버렸다.

derrochar　　tr　낭비하다　　　　　to waste
desperdiciar / 낭비하다　desperdicio / 낭비　prodigar / 낭비하다
· No **derroches** tu tiempo enfrente de la TV.
TV앞에서 시간을 낭비하지 말아라.

desaparecer tr　감추다, 사라지게하다　to disappear
desaparecerse / 없어지다, 사라지다
desaparecido / 사라진, 없어진
· Janis **desapareció** ayer por la noche sin el rastro.
야니스는 어젯밤 흔적도 없이 사라졌어.

desarrollarse　tr　발전, 진보하다, 진행되다　to develop
desarrollar / 발전시키다　desarrollo / 발전, 진보
· Los niños **desarrollan** su creatividad a través del dibujo.
아이들은 그림을 통해 창의력을 증대시킨다.

desastre　　m　재해, 재난　　　　　disaster
calamidad / 재난, 재해　catástrofe / 큰 재난, 파국
· No es un gran **desastre**. 큰 재난은 아니야.

desayuno　　m　아침식사　　　　　breakfast
desayunar / 아침 식사를 하다　lonche / 가벼운 점심
· ¿Querrás **desayunar** conmigo?
저와 아침식사를 하겠습니까?

descansar tr 쉬다 to take a rest
descanso / 휴식 desahogo / 휴식 huelgo / 휴식
holgar / 쉬다, 휴식하다 reposo / 쉼, 안정
- Necesito un **descanso**. 난 휴식이 필요해.

descender tr 하강하다, to go down
 ~의 자제이다

bajar / 내리다
- **Desciende** de una buena familia.
 그는 매우 좋은 집안 출신이다.

descubrir tr 발견하다, 찾다 to discover, to find

descubrimiento / 발견 hallar / 발견하다 búsqueda / 수색
- **Descubrió** en su cara gestos de su madre.
 그의 얼굴에서 그 어머니의 표정을 찾을 수 있었다.

descuento m 할인 discount
venta / sale rebaja / 할인
- Nos **descontó** un 20% del vestido.
 원피스 가격의 20%를 할인받았다.

desde adv ~ 에서부터 from
de / from
- Lo esperaba **desde** la mañana.
 아침부터 그것을 기다리고 있었다.

desear tr 원하다, 바라다 to want, to wish
anhelar / 갈망하다
- ¡Cuánto **deseo** que sea viernes! 금요일이었으면 좋겠다!

deseo m 욕망, 욕심 wish
anhelo / 갈망, 동경
- Mi **deseo** para ti es lo mejor. 네게 좋은 일들만 바랄게.

desempleo m 실업 unemployment
desempleado / 실업자 huelga / 실업, 파업 empleo / 고용
- Juan está **desempleado**. 후안은 무직상태이다.

desgracia f 불운, 재난 misfortune
desventura / 불운, 불행
- Susana estuvo a su lado en la **desgracia**.
  수산나는 그의 불행한 시기에 함께했다.

desierto m 사막 desert
desierto,a / 황량한 duna / dune
- La calle está **desierta**. 거리는 지금 무인(無人)상태이다.

despacho m 사무실 office
oficina / 사무소
- Quiero que pases a mi **despacho**.
  내 사무실에 네가 들렀으면 좋겠다.

despacio adv 천천히　　　　slowly
lento / 느린, 태평스런
◈ ¿Puede ir **despacio**? 좀 천천히 가면 안될까요?

despedir tr 배웅하다, 해고하다　　to see off,
　　　　　　　　　　　　　　　　to say 'good-bye'
despedida / 환송, 배웅　despedirse / 작별하다
◈ La **despidieron** de la empresa sin motivos.
그녀는 이유없이 회사에서 해고당했다.

despertarse tr 잠에서 깨다　　to wake up
despiértate! / wake up!　despertar / 잠을 깨우다
◈ Me tengo que **despertarse** temprano todos los días.
난 매일 아침 일찍 일어나야 한다.

después adv ~ 후에, ~ 다음에　later, after that
pase usted! / after you!
◈ **Después** lo voy a buscar. 나중에 찾을꺼야

destino m 운명, 목적지　　destiny
sino / 운명, 숙명　fatalidad / 나쁜 운명
◈ Es el **destino** que nos unió. 운명은 우리를 만나게 했다.

destruir tr 파괴하다　　to destroy
demoler / 부수다, 파괴하다
◈ En el terremoto se **destruyeron** muchos edificios.
많은 건물들이 지진으로 붕괴되었다.

detallar tr 상세히 말하다 to detail
especificar / 상술하다
- **Detállame** los gastos que hiciste.
  네가 한 지출을 상세히 알려주어라.

detener tr 멈추다, 정지시키다 to stop
parar / 정지하다
- No te **detengas** y sigue adelante.
  멈추지 말고 계속 가거라.

determinar tr 결정하다 to decide
determinación / 결정
- **Determino** no apoyar la propuesta.
  그는 결국 그 제안을 후원하지 않기로 했다.

detrás adv 뒤에 behind
atras / 뒤에
- Se escondió **detrás** del árbol. 그는 나무 뒤에 숨었다.

deuda f 빚, 채무 debt
debito / 부채
- Tengo muchas **deudas**. 난 빚이 너무 많아.

devolver tr 되돌리다, 반품하다 to return, give back
regresar / 되돌아오다
- Le **devolví** el libro que me prestó.
  그에게 빌린 책을 돌려주었다.

día　　　m　　날, 일　　　day
todos los días / every day
◈ Salgamos en el **día** de mañana. 내일 데이트하자.

diablo　　m　　악마　　　devil, demon
demonio / 악마
◈ El **diablo** nos hace pecar contra Dios.
　사탄은 하나님 앞에 죄를 짓게 만든다.

diario　　m　　일기, 신문　　daily, newspaper
periódico / 신문, 잡지
◈ Se compra todas las mañanas el **diario**.
　그는 매일 아침 신문을 산다.

dibujar　　tr　　그리다　　　to draw
dibujo /그림　episodio, ilustración / 삽화
retratar / 초상화를 그리다
◈ Le gusta mucho **dibujar**. 그는 그림 그리는 것을 좋아한다.

diccionario　m　　사전　　　dictionary
enciclopedia / 백과사전
◈ Busca en el **diccionario** palabras que no sabe.
　그는 모르는 단어는 사전에서 찾아본다.

dieta　　f　　다이어트　　　diet
obesidad / 비만　sobriedad / 절식, 소식　ayunar / 단식하다
◈ Olga está a **dieta** estos días.
　올가는 요즘 다이어트 중이라는.

diferente   adj   다른   difference
diferenciar / 차별하다, 구분하다   diferenciarse / 구분되다
distinto,a / 상이한, 다른
- Sos muy **diferente** a tu hermana!
  넌 네 언니랑 너무 틀리구나!

difícil   adj   어려운   difficult
complicado,a / 복잡한, 까다로운   dureza / 어려움, 냉혹함
dificultad / 어려움
- Se le hizo **difícil** el problema de matemáticas.
  수학문제가 어렵게 느껴졌다.

digestión   f   소화   digestion
digerir / 소화하다
- Creo que tengo problemas con la **digestión**.
  소화가 잘 안되고 있는것 같아.

dinero   m   돈   money
fortuna / 재산, 자산   moneda / 화폐, 돈
- El **dinero** no hace feliz pero es necesario.
  돈이 행복하게 하지는 않지만 필요하긴 하다.

Dios   m   신   God
ateísmo / 무신론자
- Oh **Dios** mío!   Oh my god!

diplomático/a m/f 외교관 diplomat
embajada / 대사관
◈ Su papá es un **diplomático** y vive en Suecia.
그의 아버지는 외교관으로 현재 스위스에 살고 있다.

dirección f 방향, 주소, direction,
　　　　　　　　　매니지먼트 address,
　　　　　　　　　　　　　　　management
directo,a / 직접의 indirecto,a / 간접의
orientación / 방향, 방침 brújula / 나침반
◈ ¿Cuál es la **dirección**? 주소가 어디입니까?

dirigir tr 지도하다, to direct,
　　　　　　　　영화연출하다 to manage
director,a / 연출가, 감독
◈ Se **dirigió** por escrito al presidente de la empresa.
그는 회사 대표에게 서면으로 지도했다.

discriminación f 차별 discrimination
discriminación racial / 인종차별
◈ Esto es el **discriminación** inversa y el discriminación sexual tambien.
그것은 역차별과 동시에 성차별이다.

disculpa f 변명, 핑계 excuse
excusa / 변명, 면죄
◈ ¿Cuál es su **disculpa** esta vez?
이번엔 또 무슨 변명을 하려고?

discutir   tr   언쟁하다   to argue
discusión / 토의, 토론
▶ **Discutieron** sobre una teoría.
한 가설을 놓고 논쟁을 벌였다.

diseño   m   디자인   design
diseñador / 디자이너   bosquejo / 스케치, 데생
reseñar / 스케치하다
▶ Él mismo la **diseñó**. 그가 직접 디자인했다.

disfrutar   intr   즐기다, 누리다   to enjoy
gozar / 즐기다
▶ **Disfruto** mucho de tu compañía.
나는 너와의 동행을 즐기고 있어.

dissolver   tr   녹이다, 용해하다   to dissolve
deshacer / 녹이다, 부수다
▶ El aceite no se **disuelve** en el agua.
기름은 물에 섞이지 않는다.

disparar   tr   발사하다, 쏘다   to shoot
lanzar / 쏘다
▶ El criminal **disparó** la pistola al aire.
범죄자는 하늘을 향해 총을 발사했다.

disponible adj 사용할 수 있는 available
libre / 비어있는, 사용 가능한
◈ ¿Está **disponible** este asiento? 이 좌석 사용 가능합니까?

distancia f 거리, 간격 distance
llamada de larga distancia / 장거리전화
◈ La **distancia** lo unió mas.
장거리가 그들을 더욱 단결시켰다.

distinguir tr 구별하다, 분간하다 to distinguish
diferenciar / 구별하다
◈ No **distingue** bien los gustos.
그는 맛 구별을 잘 하지 못한다.

divertido/a adj 즐거운, 재미있는 funny, to have
a good time
diversión / 오락 divertir / 기쁨을 주다
entretenimiento / 오락, 엔터테인먼트
◈ Qué **divertida** que es ella!
그녀는 참 재미있는 사람이더군!

dividir tr 나누다, 분리하다 to divide
repartir / 분배하다 división / 분할, 조, 나눗셈
◈ **Dividió** su libro en 10 capítulos.
그는 그의 책을 10개의 단위로 나누었다.

divorcio　m　이혼　　　　　divorce
casamiento / 결혼　divorciarse / 이혼하다
◈ Decidieron **divorciarse**.
그들은 이혼하기로 결정하였다.

doble　m　두 배　　　　　double
doblado / 이중의　mitad / 반, 1/2
◈ El precio subió el **doble** que el mes pasado.
가격이 지난달에 비해 두배나 인상되었다.

docena　f　타스　　　　　dozen
dos docenas / two dozen
◈ Cómprame una **docena** de huevos. 계란 한 판만 사줘라.

doctor/a　m/f　박사, 의사　　　doctor
médico,a / 의사　enfermero,a / 간호사
◈ Tengo que ir a consultar con el **doctor**.
의사 진료를 받으러 가야 한다.

doler　intr　　　　　　　to hurt
dolor / 아픔, 고통
◈ Me **duele** mucho la muela. 어금니가 너무 아프다.

domicilio　m　가정, 주거지　　home
doméstico,a / 가정의, 가사의, 내수의
◈ Dígame su **domicilio**. 당신 주소를 좀 알려주세요.

dominar tr 정복, 지배하다 to dominate
dominio / 지배 conquistador,a / 정복자
- Sandra pudo **dominar** el inglés.
  산드라는 영어정복에 성공할 수 있었다.

dónde a 어디에, 어디 where
donde / (대명사)곳, 장소 adonde / ~하는 곳에
adónde / 어디로, 어디 dondequiera / 어디라도, 아무데라도
- ¿**Dónde** podemos ir? 우리는 어디에 갈 수 있을까요?

dormir intr 자다 to sleep
dormirse / 잠들다, 졸다
- Es muy temprano para **dormir**. 잠 자기엔 너무 이르다.

dosis m 약의 복용량 dosage
receta / 처방전, 레써피
- Ella tomó una **dosis** demás de las pastillas.
  그녀는 약의 복용량을 늘렸다.

droga f 마약, 약 drug
medicamento / 약, 약재
- Se está probando una nueva **droga** contra el sida.
  에이즈 퇴치를 위한 신약이 테스트중이다.

ducha f 샤워, 샤워실 shower
ducharse / 샤워하다
- Siempre se **ducha** antes de dormir.
  늘 자기 전에 샤워를 한다.

duda　　f　　의심　　　　　　　　doubt
dudar / 의심하다　desconfianza / 불신, 의심
- Tengo una **duda**. 궁금한게 하나 있어.

dueño/a　　m/f　　주인, 소유주　　　　owner
propietario,a / 소유주
- ¿Quién es el **dueño** del lugar? 누가 이곳의 주인입니까?

dulce　　adj/m　　단맛의, 사탕, 단것　　sweet, candy
caramelo / 캐러멜
- No le compres muchos **dulces** al niño.
  아이에게 너무 많은 사탕을 사주지 마라.

durante　　prep　　~하는 동안　　　　during
mientras / ~하는 동안에, ~하는 사이에
- Estaré ocupada **durante** esta semana.
  이번 주 동안 바쁠 것 같은데.

durar　　int　　지속하다, 참고 견디다,　to last
　　　　　　　　　연장되다, 계속되다
duración / 내구력, 영속성
- La clase ha **durado** mucho.
  수업시간이 너무 오래 계속되었다.

duro/a　　adj　　단단한, 질긴　　　　hard, tough
sólido,a / 튼튼한, 견고한
- Este pan está muy **duro**. 이 빵은 매우 딱딱하다.

echar　　tr　　던지다, 버리다　　　　to throw
lanzar / 던지다
- El padre de Mónica le **echó** un sermón por llegar tarde.
  모니카네 아버지는 귀가가 늦은 그녀에게 엄청난 설교를 쏟아내셨다.

economía　f　　경제　　　　　　　economy
finanzas / 재정, 경제
- La **economía** sumergida es la base del subempleo.
  잠재경제는 고용시장의 기반이다.

ecuador　m　　적도　　　　　　　equator
latitude / 위도 longitud / 경도
- El **ecuador** divide la Tierra en dos hemisferios.
  적도는 두 반구에서 지구를 나눈다.

edad　　m　　나이　　　　　　　age
era / 연대, 시기
- ¿Qué **edad** tienes? 넌 몇살이니?

edificio　m　　건물, 빌딩　　　　building
construcción / 건설, 건축물
- Se está construyendo muchos **edificios**.
  많은 빌딩들이 세워지고 있다.

editar   tr   출판하다, 발행하다   to publish
edición / 출판, 간행   casa editorial / 출판사
- Se ha editado a través de una **editorial** privada.
 개인출판사를 통해 출판했다.

educación   f   교육   education
formación / 가정교육   educar / 교육시키다
- La **educación** es muy importante para los niños.
 교육은 아이들에게 매우 중요하다.

efectivo/a   adj/m   효과적인, 현금   effective, cash
plata / 은, 돈
- Necesito que me pagues en **efectivo**.
 현금으로 주었으면 좋겠는데요.

efecto   m   효과, 결과, 인상, 어음   effect, result

resultado / 결과   efectos a pagar / 지불어음
- La noticia tuvo un gran **efecto**.
 뉴스는 엄청난 파장을 불러일으켰다.

egoísta   f   이기주의자   egoist
altruista / 이타주의자
- Es verdadera **egoísta**. 그녀는 진정한 이기주의자야.

ejemplo   m   예, 가령   example
ejemplar / 견본, 표본   por ejemplo / for example
- Dame un **ejemplo** de esto. 이것에 대한 예를 들어줘.

ejercicio　　m　　연습, 훈련　　exercise
entrenamiento / 운동훈련　ejercitar / 연습하다
- Él **ejercita** mucho su cuerpo.
그는 그의 몸을 열심히 단련한다.

ejército　　m　　군대　　army
marina / 해군　fuerzas aéreas / 공군　legión / 군대
- En el **ejército** hacen una vez al mes el simulacro de evacuación.
군대에서 그들은 한 달에 한 번 탈출 연습을 한다.

elegir　　tr　　선택하다　　to choose
escoger / 선택하다
- Fue **elegida** por la gente. 그녀는 사람들에 의해 선출되었다.

elemental　　adj　　기초의, 기본　　elementary
elemento / 요소　básico / 기본의, 근본의
- La matemática es **elemental**. 수학은 기본적인 과목이다.

elevador　　m　　엘리베이터　　elevator
ascensor / 엘리베이터
- El **elevador** no sirve. 엘리베이터가 고장이 났다.

eliminatorio　　m　　예선　　preliminary
final / 결승　preliminar / 예선의
- Superaron la **eliminatorio** y pasaron a cuartos de final.
그들은 선발전을 넘기고 4강에 올랐다.

embajada f 대사관 embassy
embajador / 대사 cónsul / 영사 consulado / 영사관
- La **embajada** de un país es territorio soberano del mismo.
한 나라의 대사관은 그 나라의 영토이다.

embarazo m 임신 pregnancy
embarazada / 임신한, 임산부 embarazarse / 임신하다
- Le recomendaron mucho reposo por el **embarazo**.
그녀는 임신으로 휴식을 권고받았다.

embargo m 압류, 봉쇄 seizure
secuestro / 차압, 몰수, 인질, 유괴
- Le **embargaron** el coche. 그의 차가 압류되었다.

emergencia f 응급, 비상사태 emergency
urgencia / 비상
- Estamos en un estado de **emergencia**.
현재 우리는 비상사태이다.

emigración f 이주 emigration
inmigración / 이민
- La **emigración** española tuvo una presencia considerable en Hispanoamérica.
스페인인의 이주는 히스패닉계의 고려할만한 출현이었다.

empezar　　intr　　시작하다　　　　to begin
comenzar / 시작하다　arrancar / (행동을)시작하다
- **Empecemos** de nuevo. 다시 시작해 보자.

empleado/a　m/f　　종업원　　　employee, clerk
empleador,a / 고용주
- A Samuel lo eligieron **empleado** del mes.
  사무엘은 [이 달의 사원]으로 뽑혔다.

empujar　　tr　　밀다　　　　　to push
empuje / push　jale / pull
- Tuvieron que **empujar** el coche.
  그들은 차를 밀어야 했다.

en　　　　prep　~안에서, ~에　　in, on
a / ~에　sobre / ~에서
- ¿**En** qué parte dejaste las llaves?
  열쇠를 어느 부분에 둔 거니?

enamorado/a　adj　　사랑하는　　　in love
enamorarse / 사랑하다, 반하다
- ¿Estás **enamorada**? 지금 사랑에 빠진거니(여)?

encantar　　tr　　너무나 사랑하다　to really love
encantado,a / 매우 좋아하는
- Les **encantan** viajar. 그들은 진짜 여행을 사랑해.

encargar tr 맡기다, 책임지다 to entrust
encargado,a / 책임자, 지배인
- Te **encargo** el local. 가게를 좀 맡길게.

encendedor/a m/f 라이터 lighter
encender / 켜다 mechero / 라이터, 버너
- ¿Tienes un **encendedor**? 라이터가 있니?

encima adv ~ 위에 above
sobre / ~의 위에
- Hay un lápiz **encima** de la hoja.
종이 위에 연필이 놓여 있다.

encontrar tr 찾다, 조우하다 to find, to meet
encontrarse / 발견되다 hallar / 찾아내다, 발견하다
- **Encontré** dinero en la calle. 난 길에서 돈을 찾았다.

enemigo/a m/f 적 enemy
amigo,a / 친구
- No es bueno hacerse **enemigos** en la empresa.
회사에서 적을 만드는 것은 좋지 않다.

enfatizar tr 강조하다 to emphasize
recalcar / 강조하다
- Andrés quería **enfatizar** su enojo, pero se contuvo.
안드레스는 그의 노여움을 강조하고 싶었지만 참았다.

enfermedad f 병, 질환 illness
dolencia / 통증, 질병 morbo / 병, 질환
- ¿Qué **enfermedad** tiene José? 호세의 병이 뭐야?

enfermero,a m/f 간호사 nurse
ayudante de enfermería / 간병인
- El **enfermero** de turno. 당직 간호원.

enfrente adv 정면에, 맞은편에 opposite
frente / 앞에, 맞은편에 enfrentarse / 부딪히다
- Te espero **enfrente** de la esquina de tu casa.
  널 집앞 코너에서 기다릴게.

engañar tr 속이다 to cheat, to deceive
falsear / 속이다 mentir / 거짓말하다
- Las apariencias **engañan**. 외모는 속임수가 많다.

enojar tr 화나게 하다 to annoy
enojarse / 화내다 enfadar / 화나게 하다
resentirse / 노하다 ira / 분노 furia / 분노
- Se puso muy **enojada**. 그녀는 매우 화가 나 있었다.

enseguida adv 즉시, 당장 right away
de pronto / 곧
- Traeré una cuchara en **enseguida**.
  바로 숟가락 가져다 줄께.

enseñar tr 가르치다 to teach
profesor,a / 교수, 선생님 instrucción / 교육
- Él está **enseñando** la historia de España.
  그는 스페인역사를 가르치고 있다.

entender tr 이해하다 to understand
comprender / 이해하다
- Te **entendí** perfectamente. 완벽히 이해했다.

entonces adv 그러면, 그리고나서 then
o sea / 그러니까, 말하자면
- Por aquel **entonces** ella vivía en Francia.
  그때쯤에 그녀는 프랑스에 살고 있었다.

entrar intr 들어가다, 입장하다 to enter
entrada / 입구 ingresar / 들어가다, 입원하다
caber / 들어갈 여유가 있다
- Vamos a **entrar** a esa cafetería. 저 커피집에 들어가자.

entre prep ~의 사이에 between
dentro de / within
- ¿Qué relación hay **entre** él y tú?
  그와 너 사이는 무슨 관계인거니?

entregar tr 제출하다, 양도하다, 배달하다 to deliver, to give out
entrega / 인도, 배달
- Ya le **entregué** las copias. 사본을 이미 건네주었어.

111

entrevista f 인터뷰, 면담　interview
currículo / 커리큘럼　reportero,a / 기자
◦» No llegó para la **entrevista** de trabajo.
면접에 제때 도착하지 못할 거야.

enviar　tr　발송하다, 보내다　to send
envío / 발송　mandar / 보내다　adjuntar / 동봉하다
◦» Mateo le **envió** flores a su novia.
마테오는 여자친구에게 꽃을 보냈다.

época　f　시대, 때　epoch
era / 시대, 기원
◦» Estamos en **época** de lluvias. 지금은 우기이다.

equipaje　m　짐, 수하물　luggage, baggage
depositaría / 짐 보관소
◦» Tatiana estaba haciendo el **equipaje**.
따띠아나는 짐을 꾸리고 있었다.

equipo　m　장비, 팀　equipment, sport team
trabajo de equipo / teamwork
◦» Se compró un **equipo** completo de campamento.
그는 캠핑도구 전세트를 구매했다.

equivocar tr 헷갈리다,착각하다 to confuse
equivocación / 실수, 오류　errar / 실수하다, 틀리다
◦» No te **equivoquás** mas! 더 실수하지 마!

112

error　m　실수, 잘못　　mistake
fallo / 실수
▶ Esto es un **error**. 이것은 잘못되었다.

escalera　f　계단, 사다리,　stairs, ladder
에스컬레이터

escalar / 등반하다　escala / 사다리　escalón / 층계
▶ Cuidado con las **escaleras**. 계단을 조심하여라.

escapar　intr　도망치다, 피하다　to escape
fugar / 달아나다, 도망치다　escapada / 외출, 잠적
▶ ¿A dónde te piensas **escapar**? 어디로 도망칠 생각이니?

escena　f　장면, 무대　　scene, stage
escenario / 장면, 무대　espectáculo / 광경
▶ La **escena** desde la parte alta del mirador era muy maravillosa.
전망대 위에서의 장면은 너무나 경이적이었어.

escoba　f　빗자루　　big brush
recogedor / 쓰레받기
▶ Dame la **escoba** para barrer. 빗질하게 빗자루 좀 줘.

escoger　tr　고르다, 선택하다　to pick, to select
elegir / 선택하다
▶ Ana le costó mucho **escoger** su vestido para la fiesta.
아나는 파티에 가기 위한 드레스를 고르는데 많은 애를 먹었다.

esconder tr 숨기다, 감추다 to hide
ocultar / 감추다, 은닉하다
- ¿Qué están **escondiendo**? 무엇을 숨기고 있니?

escribir tr 쓰다, 적다 to write
escritor,a / 작가, 저술가 guionista / 시나리오 작가
- Ella **escribió** una nota pidiendo disculpa.
  그녀는 미안하다는 쪽지를 남겼다.

escuchar tr 듣다, 청취하다 to listen to
oir / 듣다, 들리다
- ¿No has **escuchado** lo que he dicho?
  내가 한 말을 듣지 못했니?

escuela f 학교 school
aula / 강의실 colegio / 학교, 기숙사
- Fabiola llevó a sus hermanos a la **escuela**.
  퐈비올라는 동생들을 학교에 데려다주었다.

esforzarse tr 노력하다 make an effort
esfuerzo / 노력 afán / 노력, 열망
- No hay nada que no puedas llegar a hacer, si le pones muchas ganas y **esfuerzo**.
  열심과 노력을 하면 이루지 못할 일이 없다.

espacio　　m　　공간　　　　space, room
lugar / 곳, 장소
◈ Necesito un poco de **espacio**.
　나의 공간이 좀 필요해.(혼자만의 시간이 필요해)

especial　　adj　　특별한, 특수한　　special
particular / 독특한　específico,a / 특수한
◈ Me gusta la carne, en **especial** la de pavo.
　난 고기를 무척 좋아하는데, 특히 칠면조 고기가 좋아.

especialidad　　f　　전공　　　　major, specialty
secundaria / 부전공
◈ ¿Cuál es tu **especialidad**? 넌 전공이 무엇이니?

espejo　　m　　거울　　　　mirror
reflejo / 반사
◈ Los noticias son el **espejo** de la sociedad.
　뉴스는 사회의 거울이다.

esperanza　　f　　희망, 기대　　hope
desesperado,a / 절망적인
◈ No pierdas las **esperanzas** que va salir todo bien!
　모든 것이 잘 될 것이니 희망을 잃지 마!

esperar tr 기다리다, to wait,
고대하다 to expect, to hope

desesperarse/ 실망하다, 절망하다
- Él **esperó** toda la tarde en el bar a que llegara su amada.
그는 오후 종일 바에서 그의 애인을 기다렸다.

espíritu m 정신, 마음 spirit
inspiración / 영감
- Aunque es de **espíritu** noble, tiene muy mal carácter.
그의 심성은 고왔지만, 성격이 매우 나빴다.

esponja f 스펀지 sponge
bizcocho / 스펀지케익 detergente / 세재
- Los niños son como **esponjas**, aprenden todo lo que ven y oyen con gran facilidad.
아이들은 스펀지와 같아서 보고 듣는 모든 것을 쉽게 익힌다.

esposo/a m/f 남편, 아내 husband, wife
marido / 남편 cónyuge / 부인
- La quiero mucho a mi **esposa**. 내 부인을 정말 사랑한다.

espuma f 거품 foam
burbuja / 거품, 물거품
- Daniel quitó la **espuma** de la cerveza antes de tomarla.
다니엘은 맥주를 마시기 전에 거품을 걷어냈다.

esquina f 모퉁이, 구석 corner
rincón / 각, 코너, 모서리
◈ Me están esperando en la **esquina**.
코너에서 날 기다린다.

este/a adj 이, 이것 this
estos,as / este,a의 복수형 éste,a / 이것 , 이 사람
éstos,as / éste,a 의 복수형 eso / 그 것 , 그 일
◈ **Este** libro es mío. 이 책은 내것이다.

establecer tr 설립하다, to establish
창설하다

fundar / 창설하다
◈ Ellos han decidido **establecer** un nuevo departamento.
그들은 새로운 부서를 설립하기로 결정했다.

estación f 계절, 역 season, station

temporada / 계절, 시즌
◈ ¿Cuál es la próxima **estación**? 다음 역이 무엇이니?

estacionamiento m 주차장 parking lot
aparcar / 주차하다 aparcamiento / 주차장
◈ Hay un **estacionamiento** público a la vuelta de la esquina.
코너를 돌아 공공주차장이 있다.

117

estadio m 경기장 stadium
gimnasio / 체육관, 김나지움
⋙ Fuimos a ver el partido de fútbol en el **estadio** del equipo.
팀의 축구장에 축구경기를 보러 갔다.

estadística f 통계, 통계학 statistic
estadista / 통계학자, 정치가
⋙ Según la **estadística**, la población mexicana cada vez es más obesa.
통계에 따르면, 멕시칸 인구는 점점 더 비만화되고 있다.

estado m 주(州), 상태 state, condition
condición / 상태
⋙ Este televisor ya está en un mal **estado**.
이 TV는 벌써 상태가 좋지 않다.

estante m 선반, 책장 rack, bookcase
repisa / 선반
⋙ Pon los libros en el **estante**. 책을 선반에 놓아라.

estar intr ~이다. ~있다 to be
consistir / ~에 있다, 기반을 두다
⋙ ¿Ya **estás** mejor? 이제 좀 괜찮니?

estilo m 스타일 style
moda / 패션, 유행
⋙ Ella tiene **estilo**. 그녀는 스타일이 있다.

estirar tr 늘이다, 잡아당기다 to stretch
extender / 늘이다, 확장하다
◈ No puedo **estirar** las piernas. 다리를 쭉 뻗을 수가 없다.

estrategia f 전략, 전술 strategy
estratégico / 전략가
◈ Esto es una **estrategia** de supervivencia.
그것은 일종의 생존 전략이야.

estrecho/a adj (폭이) 좁은 narrow
angosto,a / 좁은
◈ Esta calle es demasiado **estrecho** para pasar.
이 거리는 지나가기에 너무 좁다.

estrella f 별 star
astro / 유명스타, 천체 meteorito / 별똥별
◈ El Sol es la **estrella** más cercana a la Tierra.
태양은 지구에서 가장 가까운 별이다.

estreno m 개봉, 새것 brand new
nuevo,a / 새것 debut / debut
◈ Ayer fue el **estreno** de la película que quería ver.
어제 내가 보고 싶던 영화가 개봉되었던데.

estudiar tr 공부하다, 연구하다 to study
impartir / 원하다, 수업하다 ensenanza / 교육
◈ ¿Qué estás **estudiando**? 무엇을 공부하고 있니?

estufa f 난로, 히터 stove, heater
calentador / 히터, 난방기
- No puedo vivir sin **estufa** en días de frío.
  난 추운 날에는 난로 없이 살 수가 없어.

etiqueta f 가격표, 에티켓 price tag, etiquette
cortesía / 예절
- Debes quitar esa **etiqueta** de tu vestido.
  넌 이 드레스의 가격표를 떼야 한다.

evacuación f 탈출 evacuation
huida / 도망, 도주
- Sonó la alarma y todos siguieron las instrucciones de **evacuación**.
  비상벨이 울리고 모두 탈출지시를 따랐다.

evidencia f 증거 evidence, proof
prueba / 증거, 증명 comprobante / 증거품
- Ante la **evidencia**, el acusado confesó su delito.
  증거물 앞에서 용의자는 결국 그의 죄를 인정했다.

evitar tr 피하다 to avoid
esquivar / 피하다
- Es imposible **evitarte**. 널 피하는 것은 불가능하다.

exacto/a adj 정확한, 정밀한 exact
preciso,a / 정확한, 명확한
- **Exacto**!! 맞아!!

examen m 시험 examination
examinar / 조사하다, 시험보다 prueba / 시험
- ¿Cuándo es el día de **examen**? 시험일이 언제이니?

excepción f 예외 exception
excepto / ~을 제외하고 excepcional / 예외적인
poco común / 이례적으로
- Díselo a todos sin **excepción**.
  예외없이 모든 사람에게 말 하시오.

exhibicion f 전시회 exhibition
exposición / 전람회
- ¿Hasta cuánto es el **exhibición** de Egon Schiele?
  에곤 쉴레의 전시회는 언제까지죠?

éxito m 성공 success
ambición / 야망 fracaso / 실패
- Este programa fue un **éxito** en televisión.
  이 프로그램은 TV에서 큰 인기였다.

expectativa f 기대, 목표 expectation
expectación / 기대, 예상
- Veo muchas **expectativas** en este proyecto.
  이 프로젝트에 기대가 큽니다.

expedir　　tr　　보내다, 발송하다　　to send,
　　　　　　　　　　　　　　　　　　　to forward

mandar / 보내다　enviar / 보내다
- Tu pasaporte ya fue **expedido**.
  당신의 여권은 이미 발급되었습니다.

experiencia　f　　경험　　　　　　experience
experimentado,a / 경험이 많은, 노련한
- Soy el único con la **experiencia** de ventas.
  판매 경험이 있는 사람은 나 뿐인걸.

experimentar　tr　　실험하다　　　to experiment
　　　　　　　　　　　　　　　　　　to test

probar / 시험해보다
- Ana quiso **experimentar** cosas nuevas, por eso se mudó a Francia.
  아나는 새로운 것들을 시도하고 싶어서 프랑스로 이사했다.

experto/a　m/f　　전문가　　　　　expert
especialista / 전문가　profesional / 전문가　perito,a / 숙련공
- Susana es la **experta** en cocina.
  수산나는 요리의 전문가이다.

explicar　　tr　　설명하다　　　　to explain
descripción / 설명　aclarar / 해명하다
- Ella quiso **explicar** su situación, pero él no la escuchó.
  그녀는 그녀의 상황을 설명하려 했지만, 그는 듣지를 않았다.

exportar tr 수출하다 to export

exportación / 수출   importar / 수입하다

◈ España **exporta** aceite de oliva.
스페인은 올리브유를 수출한다.

expresión f 표현 expression, gesture

expresar / 표현하다   gesto / 제스쳐
manifestación / 표명, 표현   descripción / 묘사, 기술

◈ ¿Qué es lo que estás intentando decir con esa **expresión**?
그 표현으로 무엇을 말하고 싶은거니?

extender tr 연장하다, to stretch,
            확대하다   to expand

ampliar / 넓히다, 확장하다

◈ El rumor se **extendió** rápidamente. 소문은 빨리 퍼졌다.

extintor/a m/f 소화기 extinguisher
Parque de bomberos / fire station

◈ Pudimos apagar el incendio gracias a los **extintores**.
소화기 덕에 화재를 빨리 진압할 수 있었다.

extranjero/a m/f 외국인 foreigner

forastero,a / 외국인   alienígena / 외국인
lengua extranjera / 외국어

◈ El turismo atrae a muchos **extranjeros**.
관광은 많은 관광객을 끌어들인다.

extraño/a adj 이상한, 어색한　　　　strange, odd
extraordinario,a / 기묘한, 이상한
▪▶ No hables con **extraños**.
이상한 사람들과 이야기를 하지 말아라.

extremo,a adj/m 극단적인, 끝, 극단　　extreme
extremado,a / 극단적인　extrema / 종국, 끝
extinción / 소멸　permanente / 영원한
▪▶ Yo pienso que es un caso **extremo**.
내 생각에 그것은 극단적인 경우야.

fábrica　　f　　　공장　　　　factory
taller / 작업장
◈ La **fábrica** se cerró por la crisis.
경제위기로 공장이 문을 닫았다.

fácil　　adj　　쉬운　　　　easy
sencillo / 심플한, 편도티켓
◈ Me resulto muy **fácil** este examen.
내게 이 시험은 매우 쉬웠다.

facilidad　f　　능력, 솜씨　　skill
habilidad / 능력, 기술
◈ Andrés trabaja con mucha **facilidad**, pero a mi se me hace muy difícil.
안드레스는 참 쉽게 일하는데, 내게는 어렵다.

factor　　m　　요인　　　　factor
causa / 요소, 요인
◈ El diseño será un **factor** principal.
디자인이 주된 요인이 될 것이다.

factura f 계산서, 청구서 bill, invoice, receipt
facturación / 계산서, 송장 recibo / 계산서
◈ Me llegó la **factura** muy tarde este mes.
이번 달 청구서는 매우 늦게 배달되었다.

fajo m 다발, 묶음 bundle
paquete / 묶음 racimo / 송이, 번들
◈ Qué **fajo** de billetes! 엄청난 돈다발이구나!

fallar tr 틀리다 to miss the objective, to fail
errar / 그르치다
◈ **Fallé** tres preguntas. 세 문제를 틀렸다.

falso/a adj 거짓의, 허위의 false
falsear / 속이다, 위조하다
◈ Este billete es **falso**. 이 지폐는 위조이다.

falta f 부족, 결여 lack
faltar / 모자라다, 부족하다 carencia / 부족, 결핍
◈ **Falta** poco para terminar la película.
조금만 있으면 영화가 끝난다.

fama f 명성, 평판 fame, reputation
reputación / 명성
◈ La **fama** se le subió a la cabeza.
직역: 유명세가 그의 머리끝까지 올랐다.
의역: 유명세로 그는 안하무인이 되었다.

famoso/a　　adj　　유명한　　　　famous
desconocido / 알지 못하는　célebre / 유명한
mentado,a / 유명한
- Este chico es muy **famoso** en su país.
  이 남자애는 그의 모국에선 매우 유명하다.

fantasma　　m　　유령, 귀신　　ghost
espectro / 유령, 귀신　exorcista / 무당
- ¿Has visto un **fantasma**? 유령을 본 적이 있니?

farmacia　　f　　약국　　　　drugstore, pharmacy
farmacéutico,a / 약사
- ¿Dónde hay una **farmacia** nueva?
  새로운 약국이 어디에 있습니까?

favor　　m　　호의, 부탁　　favor
buena voluntad / 호의　ruego / 간원, 간청
- Este será el ultimo **favor** que te hago.
  이것이 내가 네게 들어주는 마지막 부탁이 될것이다.

favorito/a　　adj　　좋아하는　　favorite
preferido,a / 선호
- ¿Cuál es tu color **favorito**?
  네가 가장 좋아하는 색은 무엇이니?

fe f 신앙, 믿음 faith
creencia / 믿음 confianza / 신용, 믿음 creyente / 신자, 신도
◈ ¿Qué es la **fe** para vos? 네게 믿음이란 무엇이니?

fecha f 날짜 date
día / 날짜, 날 data / 날짜, 연월일
◈ ¿Cuándo es la **fecha** de tu cumpleaños?
너의 생일은 언제이니?

felicidad f 행복, 축하 happiness
felicitación / 축하 desdicha / 불행
◈ El dinero no compra la **felicidad**. 돈은 행복을 살 수 없다.

feliz adj 행복한, 기쁜 happy
contento / 행복한, 즐거운 grato,a / 즐거운, 기쁜
◈ Soy **feliz** por tenerte al lado mío.
난 널 내 곁에 둘 수 있어서 행복해.

femenino/a adj 여성의 feminine
masculino,a / 남성의
◈ Este diseño es muy **femenino**.
이 디자인은 매우 여성스럽다.

feo/a adj 추한, 못생긴 ugly
afear / 추악하게하다
◈ Ese coche es muy **feo**. 이 차는 매우 밉다.

ferrocarril m 철도 railroad

tren / 열차 metro / subway, meter

» El **ferrocarril** es el medio de transporte que más le gusta.
철도이용은 내가 가장 좋아하는 운송수단이다.

fiar tr 외상하다, to sell on credit,
보증하다 to guarantee

garantizar / 보증하다

» Está prohibido **fiar** en este lugar.
이곳에선 외상이 금지되어 있다.

fibra f 섬유 fiber

algodón / 목화, 면 seda / 실크

» La **fibra** abunda en las frutas, las verduras y en los frutos secos.
과일, 야채, 건과일류엔 섬유질이 풍부하다.

fiebre f 열, 열광 fever

calentura / 열, 체온 termómetro / 체온계
entusiasmo / 열광 celo / 열의

» Al bebé le agarró **fiebre**. 아기가 열이 높다.

fiesta f 축제, 국경일 festival, party

fiesta de la cosecha / 추수감사 Navidad / 크리스마스
gala / 화려함, 축제 cohete / 폭죽, 불꽃놀이

» Tengo una **fiesta** este viernes.
이번 주 금요일에 파티가 있다.

fijar　　tr　　고정시키다, 박아넣다　　to fix
fijarse / 주의깊게 보다　sujetar / 단단히 붙잡다, 억압하다
→ **Fijó** sus ojos en la pantalla de televisión.
그는 두 눈을 TV화면에 고정시켰다.

fila　　f　　열, 줄　　　　row, line
recta / 직선　línea / 라인
→ Hubo mucha **fila** en el banco. 은행에 줄이 길었다.

fin　　m　　끝, 최후　　　end
final / 마지막의　remate / 끝, 종말, 마지막 한방(슛!)
→ Este es el **fin** entre tú y yo. 이게 너와 나의 끝이야.

firma　　f　　서명, 사인　　signature
sello / 우표, 도장　firmar / 서명하다, 조인하다
→ Su **firma** es fácil de falsificar. 그의 싸인은 위작하기 쉽다.

fiscal　　m/f　　검사, 검찰　　public prosecutor, district attorney
juez / 재판관, 판사
→ Él trabaja en la oficina del **fiscal**.
그는 검사사무실에서 일해.

flexible　adj　유연하게, 융통성있는　flexible
flexibilidad / 융통성
→ Este material plástico es muy **flexible**.
이 플라스틱 재질은 매우 유연하다.

flojo/a adj 게으른, 느슨한 loose, lazy
perezoso / 게으른, 나태한
- Él se volvió **flojo** después de las vacaciones.
  그는 방학 이후 매우 게을러졌다.

flor f 꽃 flower
tienda de flores / 꽃가게 buqué / 부케
- Eres más linda que una **flor**. 넌 꽃보다 더 아름답다.

fluidez f 유창한 fluency
afluente / 유창한 elocuente / 달변의
corriente / 흐르는, 현재의, 유창한
- Todavía no tengo **fluidez** con el inglés.
  아직 영어가 유창하지는 않아요.

fondo m 바닥, 밑 bottom
pie / 받침, 밑부분
- En el **fondo**, es una buena persona.
  사실 내면으론 좋은 사람이다.

forma f 모양, 형식 form, shape
guisa / 양식, 방식 configuración / 모양, 형상
- Camila tiene una extraña **forma** de caminar.
  까밀라는 걸음방식이 이상하다.

fortificar tr 튼튼하게하다, 강화하다　to enforce

fortalecer / 강화하다
- El calcio **fortifica** los huesos.
  칼슘은 뼈를 튼튼하게 해 준다.

foto f 사진　photo

cámara / 카메라　rodaje / 촬영　viñeta / 그림 사진
- ¿Quisiera usted tomar una **foto**, por favor?
  사진한장 찍어 주실 수 있을까요?

frágil adj 깨지기 쉬운　fragile

débil / 약한
- Este cristal es muy **frágil**, debes tratar con cuidado.
  이 크리스탈은 매우 깨지기 쉬우니 조심히 다뤄야 합니다.

franco/a adj 솔직한　frank

sincero / 진솔한, 거짓없는
- Daniel es **franco** con sus sentimientos.
  다니엘은 그의 감정에 솔직하다.

freno m 브레이크　brake

acelerador / 자동착의 악쎌
- Por suerte, pude **frenar** antes de chocar.
  다행히도 부딪히기 전에 멈출 수 있었다.

fresco/a　　adj　시원한, 신선한　fresh, cool
enfriar / 냉각하다, 식히다
- Está **fresco** el día. 날씨가 선선하다.

frío/a　　adj　차가운, 추운　cold
frío / 추위　frigorífico / 냉각실, 냉장고
- Qué **frío** que hace hoy! 오늘은 정말 춥구나!

frito,a　　adj　기름에 튀긴　fried
freir / 기름에 튀기다
- ¿Te gusta el pollo **frito**? 튀긴 닭을 좋아하니?

frontera　　f　국경　frontier, border
límite / 경계　barrera / 장벽, 바리케이트
- Debes tener cuidado en la **frontera**, hay muchos ladrones.
  국경지역에선 강도가 많으니 조심해야 한다.

fruta　　f　과일　fruit
verdura / 야채
- ¿Qué **fruta** te gusta más? 어떤 과일을 더 좋아하니?

fuego　　m　불, 화재　fire
lumbre / 불　extintor, apagador / 소화기
chispa / 스파크, 불꽃
- Pon la sartén al **fuego**. 불에 프라이팬을 올려라.

fuera adv 밖, 밖에서 outside, away
afuera / 밖, 교외
- Sacó al perro **fuera** de la casa.
그는 개를 집 밖으로 쫓았다.

fuerte adj 강한, 튼튼한 strong, hard
intenso,a / 강한 intensivo,a / 강한, 철저한
sano,a / 건강한, 안전한
- Tengo un **fuerte** dolor de cabeza. 엄청난 두통이 있다.

fuerza f 힘 power
fortaleza / 힘, 용기 poderoso,a / 힘있는, 강력한 vigor / 힘
- Todo depende de su **fuerza** de voluntad.
모든 것은 거의 의지력에 달렸다.

fumar intr 담배를 피우다 to smoke
tabaco / 담배 pipa / 담배파이프
- Está prohibido **fumar** dentro de este local.
이 가게 안에서는 금연입니다.

funcionar tr 작동하다 to function
funcionario,a / 공무원 función / 기능
ayuntamiento / 시청
- ¿Cómo **funciona** esta máquina?
이 기계는 어떻게 작동하는 겁니까?

fundación f 창설, 기구 foundation
fundar / 설립하다, 창설하다
⏺ Se celebra un acto por el día de **fundación** de la escuela.
개교기념일로 학교에선 행사가 열렸다.

fundir tr 녹이다 to melt
fundirse / 합병하다 deshielo / 해빙
⏺ El sol ha **fundido** el hielo.
태양이 아이스크림을 녹여버렸다.

funeral m/f 장례식 funeral
entierro / 장례식, 묘지
⏺ Ana se encontró a su amigo en el **funeral**.
아나는 장례식에서 친구를 만났다.

futuro/a m/f 미래 future
presente / 현재 pasado / 과거
⏺ Tendrás un mejor **futuro**. 네겐 더 좋은 미래가 있을거야.

ganancia f 이익, 수입 income

ingreso / 수익, 소득 renta / 이익, 소득

▶ ¿Cuánta **ganancia** se registró el mes pasado?
지난달 수입은 어떻게 집계되었니?

ganar tr 벌다, 이기다 to earn, to win, to get

prevalecer / 이기다, 압도하다 gana / 욕망, 의욕
consequir / 얻다, 달성하다

▶ Los Yankees **ganaron** el partido de ayer.
어제 경기는 양키스가 이겼다

gancho m 옷걸이 hanger

percha / 옷걸이

▶ Ese terno esta sujeto de aquel **gancho**.
저 외투는 저 옷걸이에 걸려 있다.

garantizar tr 보증하다 to guarantee

garantia / 보증, 보증금

▶ Este producto esta **garantizado** por un año.
이 제품의 보증기간은 일년이다.

gasto　　m　　비용, 소비　　expense, costs

gastar / 돈을 쓰다

◈ Hubo mucho **gasto** en este mes. 이번 달은 지출이 많았다.

gemelo/a　m/f　　쌍둥이　　twin

genoma / 유전자　genes / 염색체　tojo,a, mellizo,a / 쌍둥이

◈ Qué lindos **gemelos**! 참 예쁜 쌍둥이 형제들이네!

generación　f　　세대　　generation

general / 일반적인, 보통의

◈ La **generación** actual no aprecia los valores.
요즘 세대는 가치를 모른다.

genio　　m　　천재　　genius

burro / 바보, 고문관

◈ Eres un **genio**! 넌 천재야!

gente　　f　　사람들　　people

persona / 사람

◈ Hay mucha **gente** en este lugar.
이곳에 사람이 너무 많다.

gigante　m/adj　위인, 거인, 거대한　giant

enano,a / 난장이, 꼬마

◈ Qué **gigante** es este mural! 이 벽화는 정말 크구나!

girasol m 해바라기 sunflower
huerto de girasol / 해바라기 밭 rosa / 장미 magnolia / 목련
◈ La semilla de **girasol** es hasta nutritiva.
해바라기씨는 영양가가 높다.

gobierno m 정부, 내각 government
parlamento / 의회, 국회 ministerio / 장관, 정부
◈ Muchos no estaban de acuerdo con las nuevas políticas del **gobierno**.
정부의 새 정책에 많은 이들이 동의하지 않았다.

golpe m 구타, 타격 blow, punch
puñetazo / 주먹질
◈ Cuidado! Casi me das un **golpe**. 조심해! 칠 뻔했잖아.

goma f 고무, 지우개 rubber, eraser
caucho / 고무 borrador / 지우개
◈ ¿Me prestas la **goma** de borrar? 지우개 좀 빌려줄래?

gordo/a adj/ 뚱뚱한, 비계 fatty, fat
m/f
graso,a / 지방이 많은, 비계의 enjundia / 지방, 비계
◈ Para no estar **gordo**, debes hacer mucho ejercicio.
살이 찌지 않으려면, 운동을 많이 해야 한다.

gorro/a   m/f   모자   cap
sombrero / 모자   casco / 헬멧
- Esta **gorra** me costó 50 dólares.
  이 모자는 50불이 들었다.

gota   f   방울   drop
rocío / 이슬
- Debes tomarte hasta la última **gota** de la medicina.
  약의 마지막 한 방울까지 다 마셔야 한다.

grabar   tr   조각하다,   to engrave
                   녹음하다   to record

grabador,a / 조각가   grabado / 삽화
- ¿**Grabaste** tu trabajo antes de enviar?
  보내기 전 네 작업을 저장했니?

grado   m   학년,   grade, degree
                 (온도)의 도

nivel / 수준, 레벨
- La temperatura de hoy es de 15 **grados**.
  오늘 온도는 섭씨 15도 이다.

graduación   f   졸업   graduation
graduarse / 졸업하다   entrada / 입학, 입장, 입회, 입금
- La ceremonia de **graduación** fue muy larga, pero todos se divirtieron.
  졸업식은 매우 길었지만, 모두들 즐거워했다.

gramática f 문법 grammar
vocabulario / 어휘, 용어
- Me cuesta mucho entender la **gramática**.
  난 문법을 이해하는데 애를 먹고 있다.

gran adj 위대한 great
grandioso / 웅대한, 장엄한
- Es una **gran** campaña publicitaria.
  엄청난 광고캠페인입니다.

grande adj 커다란, 큰 big
pequeño,a / 작은, 사소한
- Qué **grande** es este local! 이 가게는 매우 크구나!

granizo m 우박 hail
pedrisco / 우박, 싸락눈
- Cae **granizo**! 우박이 떨어진다!

grasa f 기름, 지방 fat, grease
groso,a / 지방이 많은 aceitoso,a / 기름진
- La **grasa** no se quita al lavar.
  기름은 세탁해도 빠지지 않는다.

gratis adj 무료의 free
gratuito / 무료의 sin costo / 무료
- Compra este producto, y te damos otro **gratis**.
  이 제품을 사면 하나 더 드립니다.

grave adj (주제등이)무거운, heavy, serious
진지한

serio y seria / 농담이 아닌, 엄숙한
⇒ Esta situación es muy **grave**.
이 상황은 매우 심각하다.

gripe f 감기 flu
resfrío / 감기 influenza / 독감, 인플루엔자
resfriado / 감기 inyección / 주사 jeringa / 주사기
⇒ Ten mucho cuidado con la **gripe** en esta temporada.
요즘 철에는 감기를 조심해야 한다.

gritar intr 소리치다, to shout, to yell
고함치다

grito / 고함, 외침 chillar / 고함치다
⇒ No me **grites**! 내게 소리치지 마!

grosería f 무례, 저질 rudeness
grosero,a / 예의 없는, 무례한 travesura / 난폭, 장난
⇒ Gerardo dice muchas **groserías**.
헤라르도는 언어가 저질스럽다.

grotesco/a adj 기괴한 grotesque
decadencia / 퇴폐, 데카당 raro,a / 이상한, 드문
⇒ Ese chico es muy **grotesco**.
이 아이는 정말 기괴하다.

grueso/a　　adj　　두꺼운, 굵은　　thick
gordo / 뚱뚱한
◈ El filete **grueso** es para asar.
　이 두꺼운 고기는 구이용이다.

grupo　　m　　그룹　　group
equipo / 팀　bandada / 무리, 그룹　masa / 군중
◈ Este **grupo** de estudiantes es el mejor de la universidad.
　이 학생 그룹은 대학내 가장 우수한 학생들입니다.

gruta　　f　　동굴　　cave
cueva / 동굴　cascada, catarata / 폭포
◈ Encontraron pinturas rupestres en la **gruta**.
　그들은 동굴 안에서 벽화를 발견했다.

guante　　m　　장갑　　glove
guante para horno / oven glove
◈ Este **guante** de cuero me costó muy caro.
　이 가죽장갑은 매우 비쌌다.

guapo/a　　adj　　잘생긴, 예쁜　　handsome, cute
apuesto,a / 맵시 있는, 멋진
◈ Qué **guapo** es tu novio!
　네 남자친구는 참 잘생겼다!

guardar   tr   지키다, 보존하다   to save, to keep
guardia / 경비   portero,a / 수위, 골키퍼
◈ Lo **guardó** en el caja de seguridad.
그는 그것을 금고에 보관했다.

guerra   f   전쟁   war
batalla / 전쟁   guerra mundial / world war
heguemonia / 헤게모니
◈ La **guerra** trae hambrunas. 전쟁은 기갈을 가지고 온다.

guía   m/f   안내인   guide
guiar / 인도하다, 안내하다
◈ Esta **guía** de estudios me ayudó mucho.
이 교과서는 많은 도움이 되었다.

gustar   tr   좋아하다, 맛보다   to please,
                                     to taste, to like
gusto / 미각, 취미   disgusto / 불쾌함
◈ ¿Te **gusta** el helado? 넌 아이스크림을 좋아하니?

haber　　tr　　~있다　　　　there is, there are
hay / haber의 무인칭 현재형(~이 있다)
haber / 재산, 자본　existir / 존재하다
⋅ ¿**Hay** leche en el refrigerador? 냉장고에 우유가 있니?

habitación　f　　방, 룸　　　　room
cuarto / 방　habitante / 주민
rehabilitación / 복권, 부흥, 회복
⋅ Esta casa tiene 3 **habitaciones**. 이 집은 방이 세개이다.

hábito　　m　　습관, 버릇　　habit
costumbre / 습관, 버릇, 정　dialecto / 사투리
⋅ Tengo el mal **hábito** de fumar.
난 흡연하는 안 좋은 습관이 있다.

hablar　　intr　　말하다　　　to talk
conversar / 대화하다　narrar / 말하다, 이야기하다
charlar / 잡담하다　hablante native / native speaker
⋅ Fabiana **habla** mucho de otras personas.
퐈비아나는 다른 사람에 대해 말하기를 좋아한다.

hacer　tr　　~하다, 만들다　　to make, to do
deshacer / 부수다, 박살내다　rehacer / 다시하다, 다시 만들다
confeccionar / 제작하다, 만들다
- Deja de **hacer** esas cosas. 그런 짓좀 그만해.

hacia　prep　~쪽으로, ~무렵　towards
para con / ~에게
- ¿**Hacia** dónde tengo que ir para llegar al museo?
박물관에 가기 위해선 어느 길로 가야 하나요?

hambre　f　　배고픔　　　　hunger
pobreza / 가난, 빈곤
- Tengo mucha **hambre**. 난 너무 배가 고프다.

hasta　prep　~ 까지(시간의)　as far as, until
hasta mañana / until tomorrow
- ¿**Hasta** cuando te tengo que esperar?
언제까지 널 기다려야 하니?

hecho,a　adj/m　완성된, 만들어진,　done, made
　　　　　　　　　일, 행위　　　　　　fact

Bien hecho! / well done!　hecho a mano / handmade
- Ya esta **hecho** todo, ya no debemos preocuparnos más.
모든 것은 이미 끝났어. 더 이상 걱정하면 안돼.

helado m 아이스크림 frozen, ice cream

sorbete / 셔벗(샤베트)
◈ Quiero el **helado**. 나 아이스크림 먹을래.

helar tr 얼리다 to freeze
congelar / 얼리다, 동결하다
◈ Se me están **helando** las manos por el frío.
추위 때문에 손이 꽁꽁 얼고 있다.

herencia f 유산, 상속, 유전 inheritance, heredity

heredero,a / 상속인 sucesión / 상속, 유산
◈ Esta casa es la **herencia** de mi abuela.
이 집은 할머니의 유산이다.

herido/a adj 다친 injured
herida / 부상, 상처 herir / 상처를 입히다
estropear / 삐다, 다치다 lastimar / 상처를 입히다
◈ Juan quedó **herido** luego de romper con su novia.
후안은 여자친구와 깨진 이후 상처받은 상태이다.

herramienta f 연장, 공구 tool
caja del herramienta / tool box enseres / 사무용품, 집기
◈ Necesito esa **herramienta** para arreglar mi cocina.
부엌을 고치기 위해선 그 연장이 필요하다.

hervir intr 끓이다 to boil
cocer / 삶다, 찌다
- Pon los fideos al **hervir** el agua.
  물이 끓으면 면을 넣어라.

hielo m 얼음 ice
nieve / 눈
- Ramón y Camila fueron a patinar sobre **hielo**.
  라몬과 까밀라는 아이스 스케이트를 타러 갔다.

hierba f 풀, 잡초 herb, grass
césped / 잔디 zacate / 목초 yerba / 풀
- Esta **hierba** es muy buena para la dieta.
  이 약초는 다이어트에 매우 좋다.

hierro m 쇠, 철 iron
fierro / 쇠, 철 minería / 광물 mina / 광산
- Tatiana se hizo daño con un **hierro** que sobresalía de la pared.
  따띠아나는 벽에 튀어나온 이 철골 때문에 다쳤다.

higiene f 위생 hygiene
higiénico,a / 위생의, 화장실 limpieza / 청결
- La falta de **higiene** ocasiona grandes epidemias.
  위생결핍은 심각한 질병을 가져온다.

hijo/a　　m/f　아들, 딸　　son, daughter
padre / 아빠　madre / 엄마
- Daniel tiene 3 **hijos**. 다니엘은 자식이 3명이다.

hilo　　m　실　　thread
aguja / 바늘
- Mi dentista me recomendó usar **hilo** dental.
  내 치과의사는 치실사용을 권장하였다.

hipo　　m　딸꾹질　　hiccups
eructo / 하품
- Jaime le dio **hipo**. 하이메는 딸꾹질을 하게 되었다.

hogar　　m　집, 가정　　home
hoguera / 모닥불
- Hogar dulce **hogar**. Home sweet home.

hoja　　f　잎, 페이지　　leaf, page
plana / 페이지, 쪽
- ¿Tienes una **hoja** cuadriculada?
  모눈종이 있니?

hombre　　m　남자, 사람　　man
varón / 남자
- Carlos es el **hombre** de mis sueños.
  까를로스는 내가 꿈꾸던 남자이다.

honor m 명예 honor
honra / 명예, 체면   deshonra / 불명예, 창피
honesto,a / 정직한, 청렴한
⏵ Estoy en el cuadro de **honor**.
난 명예의 전당에 올랐다.

hora f 시간 hour, time
minuto / 분   media hora / half an hour
⏵ ¿A qué **hora** llega Juan?
후안은 언제 도착하니?

horario m 근무시간, 시간표 time table, schedule
horario de clases / 수업시간
⏵ Mi **horario** de trabajo es de 9 a 6.
내 근무시간은 9시에서부터 6시이다.

horno m 전자레인지, 화덕 oven, microwave oven
microondas / 전자레인지
⏵ Las papas al **horno** son más saludables que fritas.
오븐에 구운 감자는 튀긴것보다 건강에 좋다.

horror m 공포 horror
horrible / 무서운
⏵ Qué **horror**! 끔찍하구나!

hospedarse tr 숙박하다, 묵다 get lodging
alojarse / 숙박하다
◈ ¿Cuándo se **hospedan** en nuestro hotel?
우리 호텔에 언제 숙박하실 건가요?

hoy adv 오늘 today
mañana / 내일 pasado mañana / 모레
◈ **Hoy** es el día de mi cumpleaños.
오늘이 내 생일이다.

hoyo m 구멍 hole
agujero/ 구멍
◈ Estuve a punto de caerme en un **hoyo**.
하마터면 구덩이에 빠질 뻔 했다.

huelga f 파업, 시위 strike
demostración / 실증, 논증, 데모
◈ Ellos se afiliaron a una **huelga**.
그들은 시위에 가담했다.

huella f 지문, 자국, finger print,
족적 mark, trace, trail
vestigio / 흔적, 증거 pista / 족적, 발자취
◈ El cazador sigue las **huellas** de los animales.
사냥꾼은 동물들의 발자국을 쫓고 있다.

huésped/a　m/f　손님　　guest
invitado,a / 초대객　convidado,a / 초대손님
- Ese **huésped** me debe 500 dólares.
  저 숙박객은 내게 500불을 빚졌다.

huir　　intr　도망치다　　to escape, to flee
fugarse / 도망치다
- Samuel **huye** de los ladrones.
  사무엘은 도둑들로부터 도망쳤다.

humanidad　f　　인간, 인류　　humankind, mankind
humano,a / 인간적인　inhumano / 비인간적인
raza / 종족, 인종
- Nadie sabe el destino de la **humanidad**.
  그 누구도 인류의 운명을 알지 못한다.

humedad　　f　　습기, 습도　　moisture, humidity, dampness
- húmedo,a / 습기찬
  Es tan **húmedo** hoy! 오늘은 습기가 많구나!

humildad　　f　　겸손　　humbleness
mansedumbre / 온순, 얌전함
- La **humildad** de Ana atrae a las personas.
  아나의 겸손함이 사람들을 끌어당긴다.

humo m 연기 smoke
quemarse / 그을리다, 굽다
- No puedo ver bien por el **humo**.
  연기 때문에 잘 볼 수가 없다.

humor m 유머, 익살 humor
comedia / 코미디 tragedia / 비극
- El **humor** y las películas románticas son géneros absolutamente diferentes.
  코메디와 로맨틱 영화는 절대적으로 다른 장르이다.

hundirse tr 가라앉다 to sink
hundir / 가라앉히다 flotar / 띄우다
- El torre de Pisa sigue **hundiéndose**.
  피사의 탑은 계속해서 가라앉고 있다.

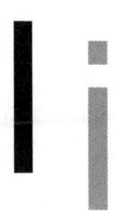

idea f 생각 idea
ideal / 이상적인
◈ Qué buena **idea**! 정말 좋은 생각이다!

identificación f 아이디, 신원 증명 identification
identidad / 신분 증명　identificar / 동일시하다, 증명하다
cédula / 주민등록증
◈ Presenta tu **identificación** para poder recoger el paquete.
소포를 가져가려면 신분증을 제시해야 합니다.

idioma m 언어 language
lengua / 언어
◈ ¿Qué **idioma** te gustaría aprender?
어떤 언어를 배우고 싶니?

idiota adj 바보, 멍청한 idiot
tonto,a / 멍청이
◈ Fui muy **idiota** por haber confiado en él.
그를 믿어왔던것이 정말 바보같았다.

iglesia f 교회 church
Dios / 신 catedral / 대성당, 대교회
convento / 수도원, 수녀회
- Voy a la **iglesia** todos los domingos.
  난 매주 일요일 교회에 간다.

igual adj 같은, 동등한 same, equal
equivalente / 같은, 동등한 mismo,a / 같은, 동일한
desigual / 같지 않은
- Me da **igual**. 뭐든 상관없어.

ilusión f 환상 illusion
visión / 직감력, 통찰력, 환영
- Nos quedamos maravillados por aquella **ilusión** del mago.
  마술사의 환상쇼에 우린 모두 놀라움을 금치 못했다.

imagen f 영상, 형상 image
imaginación / 상상력
- Ese peluquero le cambió la **imagen**.
  저 이발사가 그의 이미지를 변신시켰다.

imaginar tr 상상하다 to image
imaginación / 상상 suponer / 가상하다, 추측하다
- Mi hija se **imagina** cosas. 내 딸애는 상상력이 풍부하다.

imán　　m　　자석　　　magnet
brújula / 나침반
- Ella es como un **imán**, atrae los problemas.
그녀는 마치 문제를 끌어당기는 자석과 같다.

imbécil　　adj　　멍청한, 바보같은　idiot
idiota / 바보, 멍청이
- Qué **imbécil** que sos! 넌 참 바보야!

imitación　　f　　모방, 흉내　　imitation
imitar / 모방하다, 위조하다　retratar / 초상화를 그리다
retrato / 초상화
- Esta es una **imitación** barata.
이것은 싸구려 모방제품일 뿐이다.

impactar　　tr　　충격을 주다　to impact
impacto / 충격, 임팩트
- Ese auto reluciente me **impactó**.
저 반짝반짝한 차가 나에게 어필을 했다.

impar　　adj　　홀수의　　　odd
non / 기수, 홀수
- El número **impar**. 홀수

impedir　　tr　　막다, 방해하다　to prevent
prevenir / 미리 방지하다, 예방하다　controlar / 콘트롤하다
- Tengo que **impedir** la boda. 난 결혼식을 막아야 해.

imperio m 제국　　　　　empire
imperialismo / 제국주의
◈ El **imperio** romano fue muy grande.
로마제국은 영역이 매우 컸다.

imponer tr 부과하다, 강요하다　to impose
poner / 놓다, 첨가하다, 준비하다
◈ **Imponer** autoridad. 권력을 부과하다.

importar tr 수입하다　　　　to import
importación / 수입, 수입품
◈ Quiero **importar** este marca.
나 이 브랜드를 수입 하려고 해.

importante adj 중요한　　　important
importancia / 중요성, 총계
◈ Este trabajo es muy **importante** para mí.
이 일은 내게 무척 중요하다.

imposible adj 불가능한　　　impossible
posible / 할 수 있는, 가능한
◈ No hay nada **imposible** en este mundo.
이 세상에 불가능이란 없다.

impresión f 인쇄, 감명　　printing, impression
impreso / 인쇄물　impresora / 프린터
◈ Luis me dio una buena **impresión**.
루이스는 내게 호감이었다.

impresionar　tr　감동시키다　to impress
impresión / 인상　impresionarse / 감동시키다
impresionante / 인상적인
- Mi novia es el estilo de persona que se **impresiona** muy fácil.
내 여자친구는 아주 쉽게 감동받는 스타일의 사람이다.

imprimir　tr　인쇄하다　to print out
copiar / 복사하다
- Tengo que **imprimir** estas hojas.
이 페이지들을 출력해야 한다.

impuesto　m　세금　tax
tributo / 세금　gabela / 세금　tasa / 평가율, 이자율
- ¿Cuánto pagaste por los nuevos **impuestos**?
새 세금으로 얼마를 납부하였니?

incendio　m　화재　fire
fuego / 불
- El **incendio** fue causado por un circuito electrónico.
화재는 누전이 원인이었다.

incluir　tr　포함하다, 동봉하다　to include
inclusive / 포함하여　incluso / 게다가　adjuntar / 동봉하다
- ¿**Incluye** el precio el impuesto?
값에 세금이 포함되어 있나요?

incómodo/a　adj　불편한, 거북한　uncomfortable
confortable / 편안한, 쾌적한
- Esta situación me **incómoda** demasiado.
  이 상황은 날 너무 불편하게 한다.

inconsciencia　f　무의식　unconsciousness
conciencia / 의식, 자각, 양심
- Luego de botellas de tequila, Diego terminó **inconsciente**.
  떼낄라 몇 병을 비운 후, 디에고는 정신을 잃었다.

increíble　adj　믿을 수 없는　incredible
creíble / 믿을 수 있는, 믿을만한
fabuloso,a / 믿기 힘든, 환상적인
- Es **increíble** que me hayas mentido.
  내게 거짓말을 했다는 것을 믿을 수가 없어.

independencia　f　독립　independence
liberación / 해방, 석방
- Germán disfruta de su **independencia** haciendo todo lo que se le antoja.
  헤르만은 하고 싶은 대로 하면서 그의 독립을 즐기고 있다.

indicación　f　표시　indication, sign
señal / 신호
- Para llegar a Valencia, debes seguir las **indicaciones** de la carretera.
  발렌시아에 가기 위해선 도로의 안내판을 따라가면 된다.

individual adj 개인의, 개인적인 individual
personal / 개인의
- Los niño podrán tener su cama **individual**.
  아이들이 개인침대를 가질 수 있겠어요.

infante m/f 아동 infant
infancia / 유년기 bebé / 아이
- Llevé a mi sobrina al jardín de **infancia**.
  난 내 조카를 유치원에 데려다 주었다.

infectar tr 전염시키다 to infect
infección / 전염 epidemia / 전염병, 유행병
- El virus ha **infectado** todo el disco duro.
  바이러스가 하드 디스크를 망가뜨렸다.

inferior adj 하급의, 아래의 lower
superior / 상급의
- Hay una librería en el piso **inferior**.
  아래층에 서점이 있다.

infierno m 지옥 hell
cielo / 천국
- Esta vida es un **infierno**.
  이 인생은 지옥이야.

infinito/a　adj　무한의　　infinite
infinitivo / 부정법
- Al **infinito** y más allá.
  영원, 그 너머서!(디즈니작 토이스토리에서 주인공 버즈의 대사이다)

influencia　f　영향, 효과　influence
influir / 영향을 미치다　afectar / 영향을 미치다, ~척하다
- Su hermana ejerce muy mala **influencia** en él.
  그의 누나는 그에게 나쁜 영향을 끼쳤다.

informar　tr　알리다,　　to inform,
　　　　　　　　보고하다　　to report

informe / 보고, 리포트　información / 안내, 알림
- Mándeme por fax su **informe**.
  너의 보고서를 팩스로 보내줘.

inglés　m　영어　　english
bilingüe / 2개 국어의
- ¿Puedes decir **inglés?**　Can you speak English?

ingresar　tr　입학, 입원,　to enter,
　　　　　　　　입성, 입금하다　to deposit

introducir / 안내하다, 입장시키다
- Debes **ingresar** los datos al sistema.
  정보를 시스템에 입력해야 한다.

iniciar tr 시작하다, 개시하다 — to start up, to begin

empezar / 시작하다　primario,a / 최초의
escuela primaria / 초등학교
- Vamos a **iniciar** las clases el 3 de Agosto.
  개학은 8월 3일이다.

injusto/a adj 불공평한, 부당한 — unfair, unjust
justo,a / 옳은, 바른, 정당한
- Esta sentencia fue muy **injusta** para Juan.
  이 판결은 후안에게 공평하지 않았다.

inocencia f 무죄, 순결 — innocence
culpable / 죄가 있는, 죄인
- Tuvo que esperar al juicio para demostrar su **inocencia**.
  그는 그의 무죄를 증명하기 위해 재판을 기다려야 했다.

inscribir tr 등록하다, 기입하다 — to register, to enroll

matrícular / 등록하다, 등기하다
- Omar **inscribió** a sus hijos a una escuela de inglés.
  오마르는 자녀를 영어학교에 등록시켰다.

insecto m 벌레 — insect
insecticida / 살충제　bicho / 벌레, 짐승
- En el campo hubo muchos **insectos**.
  시골엔 벌레가 많았다.

inspección f   검사, 점검   inspection, check up

inspector,a / 검사관, 검열관
◈ Debes estar preparado para una **inspección** imprevista.
예고치 않은 검사에 대비해야 한다.

inspiración f   영감   inspiration
infusión / 영감
◈ Ella es mi **inspiración** para mis composiciones.
그녀는 내 작곡의 영감이다.

inspirar   tr   느끼게하다, 숨을 들이쉬다   to inspire

infundir / 느끼게하다
◈ Tú me **inspiras**. 넌 내게 영감을 준다.

instalar   tr   설치하다   to install
instalación / 취임, 설치
◈ Ya **instalamos** la computadora y el internet.
컴퓨터와 인터넷을 설치하였다.

instante   m   순간, 찰나   instant, moment
momento / 순간
◈ Regreso en un **instante**.
금방 돌아올게요.

instinto　m　본능　　instinct
instintivo,a / 본능적인
- Ella actúa según sus **instintos**, y siempre le va bien.
  그녀는 본능에 따라 행동하는데, 늘 결과가 좋다.

instituto　m　교육기관, 협회　institution
institución / 시설, 기관, 협회　organización / 기관
- Incrementaron la colegiatura en el **instituto**.
  학원비를 인상했다.

instrumental m　악기, 기구　　instrument, tool equipment
acompañamiento / 악기반주
- Equiparon el hospital con **instrumental** quirúrgico nuevo.
  그들은 새로운 외과 장비와 함께 병원을 갖췄다.

inteligente　adj　머리가 좋은　intelligent
inteligencia / 지성　listo / 영민한　sabido,a / 박식한
sabio,a / 영리한, 해박한
- Mi amigo es muy **inteligente**, siempre tiene todas las respuestas.
  내 친구는 매우 똑똑해서 늘 정답을 알고 있다.

intentar　tr　시도하다, 의도하다　to try, to attempt
intención / 의도　tratar / 시도하다
- Varias veces **intenté** dejar de fumar, pero no pude.
  매번 금연하러 애썼지만 해낼 수 없었다.

interés　m　이익, 흥미　　　interest
interesar / 관심을 가지다　interesado,a / 흥미 있는
ventaja / 이문, 이득
- ¿Qué sitios de **interés** hay por esta zona?
  이 지역에 가볼만한 곳은 어디가 있나요?

interpretar　tr　해석하다　　　to interpret
traducir / 번역하다, 통역하다　intérprete / 통역관
- ¿Cómo **interpretarías** esta frase?
  이 문장을 어떻게 해석하겠어요?

interruptor　m　스위치　　　switch plug
cortacircuitos / 안전기, 퓨즈
- Se me olvidó comentarle que hay que instalar el **interruptor** electrónico.
  전기차단기를 설치해야 한다고 말해주는 것을 잊었다.

introducir　tr　소개하다　　　to introduce,
　　　　　　　　가지고 들어오다　to insert
introducción / 소개　presentar / 소개하다
- Esta prohibido **introducir** alimentos al teatro.
  극장에 음식을 가지고 들어올 수 없습니다.

inundación　f　홍수　　　flood
ríada / 홍수　sequía / 가뭄　diluvio / 대홍수
- La **inundación** arrastró el pueblo.
  홍수가 마을을 휩쓸었다.

inútil adj 무익한, 쓸모없는 useless, vain
útil / 쓸모있는
- Todos mis esfuerzos fueron **inútiles**.
나의 모든 노력은 수포로 돌아갔다.

invasión f 침략 invasion
agresor,a / 침략자
- Esta película se trata de la **invasión** extraterrestre.
이 영화는 외계침공에 대한 이야기이다.

inventar tr 발명하다 to invent
invención / 발명품, 발명 inventor,a / 발명자
- Tuve que **inventarme** un pretexto.
핑계를 지어내야 했다.

inventario m 목록, 재 inventory
reserva / 재고, 비축
- En el almacén están revisando el **inventario**.
창고에서 재고조사를 하고 있다.

inversión f 투자 investment
invertir / 투자하다
- Has hecho una buena **inversión**.
좋은 투자를 했어.

investigar　　tr　　조사하다　　　　to investigate
averiguar / 조사하다, 연구하다　investigación / 조사
investigador,a / 연구원
- El detective **investiga** el caso, pero todavía no hay avances.
  형사는 사건을 조사하고 있지만, 진전이 없다.

invitar　　　tr　　초대하다　　　　to invite
invitación / 초대　convidar / 초대하다
- ¿Cuándo me vas a **invitar** a tu casa?
  언제 네 집에 초대할거니?

ir　　　　　intr　　가다　　　　　to go, to walk
andar / 가다, 걷다
- Se tuvo que **ir** temprano a casa.
  그는 일찍 집에 가야 했다.

irregular　　adj　　불규칙한　　　　irregular
desigual / 같지 않은, 변덕스러운
- Tengo que estudiar todos los verbos **irregulares** para mañana.
  난 내일까지 불규칙동사를 모두 외워야 한다.

irritar　　　tr　　화나게하다　　　to annoy
enojarse / 화내다
- Me **irrita** tu actitud. 너의 태도가 날 짜증나게 해.

isla　　　　f　섬　　　　　island

aislar / 격리하다, 고립시키다　istmo / 지협　peninsula / 반도
- Hay solo dos buques al día que parten hacia la **isla**.
섬으로 출발하는 배는 하루에 두척 뿐이다.

izquierda　　　　왼쪽　　　　　left side

siniestro,a / 왼쪽의, 재난　izquierdista / 좌파의, 좌파주의자
- Vuelta al lado **izquierda**. 좌로 꺾으세요.

jabón m 비누 soap
detergente / 세제, 세척제
◈ Debes lavarte las manos con **jabón**.
손은 비누로 씻어야 한다.

jalar tr 당기다 to pull
estirar / 잡아당기다, 늘이다
◈ ¿**Jalaste** la palanca?
직역: 고리를 당겼니? / 의역: (변소의) 물을 내렸니?

jamás adv 결코~ 이 아니다 never
nunca / 절대 ~이 아니다
◈ Esto **jamás** suceder.
이것은 절대로 일어나지 않을 것이야.

jardín m 정원 garden
jardinero / 정원사 huerto / 과수원
◈ A Fabiola le gusta cuidar su **jardín**.
퐈비올라는 자신의 정원을 돌보기를 좋아한다.

jefe/a m/f 보스, 대장 chief, boss
patron,a / 사장, 보스
◈ ¿Quién es tu **jefe** inmediato? 너의 직속상사는 누구니?

joven m/f 젊은이 young
chavo,a / 젊은이
- Te ves más **joven** que tu hermana.
  너의 언니보다 더 젊어 보이는구나.

joya f 보석 jewel
gema / 보석 perla / 진주 diamante / 다이아몬드
- Mi tía tiene muchas **joyas** preciosas.
  내 고모는 귀한 보석이 많다.

jubilarse tr 퇴직하다 to retire
jubilación / 은퇴 retirarse / 은퇴하다
- Dentro de unos pocos años se **jubilará** mi papá.
  내 아버지는 몇 년 이내 정년퇴직할 것이다.

juego m 놀이, 게임 play, game
partido / 게임
- Cada cuatro años se dan los **Juegos** Olímpicos.
  올림픽 게임은 4년마다 개최된다.

juez m/f 재판관, 판사 judge
judicial / 사법의 tribunal / 재판소, 법정
- El **juez** de línea avisó al árbitro del penalti con la bandera.
  선심이 깃발을 던져 주심에게 페널티를 통지했다.

jugar intr 경기하다, 놀다 to play
jugador,a / 경기선수   atleta / 운동선수
◈ Vayamos a **jugar** a la pelota. 축구하러 가자.

jugo m 주스, 과즙 juice
zumo / 즙
◈ Todas las mañanas me tomo un vaso de **jugo** de naranjas.
매일 아침 난 오렌지 주스 한 컵을 마신다.

juguete m 장난감, 완구 toy
rompecabezas / 퍼즐
◈ A mi sobrina le regalaron un montón de **juguetes** por su cumpleaños.
사람들이 내 조카의 생일때 많은 장난감을 선물하였다.

juicio m 판단, 견해 judgment, opinion
opinión / 의견, 견해
◈ Él demandó a su empresa por su despido injustificado, y planea llevarlo a **juicio**.
그는 자신의 퇴직건으로 회사를 고발하였고, 재판까지 끌고 갈 예정이다.

juntos adj 함께, 다같이 together
conjunto / 전체   consorcio / 공동, 콘소시엄
◈ Vayamos **juntos** al cine. 극장에 함께 가자.

jurar　　　tr　　맹세하다, 다짐하다　　to swear
juramento / 선서, 맹세
- Te lo **juro**! 너에게 맹세해!

justicia　　f　　정의, 재판, 법정　　justice
rectitud / 정직함
- Dios está siempre en el lado de **justicia**.
  신은 항상 정의의 편에 있다.

justo/a　　adj　　정당한, 공평한　　fair, righteous
correcto / 정확한, 정당한
- Esto no es **justo**. 이것은 공평하지 않아.

juventud　　f　　청춘, 젊은시절　　youth
adolescente / 청소년기　minoridad / 미성년
- Qué bonito **juventud**! 아름다운 청춘이여!

kilogramo　m　킬로그램　　　kilogram
kilocaloría / 킬로칼로리
- ¿ Cuántos **kilos**(kilogramos보다는 kilos로 쓴다) de papas necesita?
  감자 몇 킬로그램이 필요하신가요?

kilómetro　m　킬로미터　　　kilometer
kilovatio / 킬로와트
- La velocidad mínima en esta carretera es de 70 **kilómetros** por hora(km/h).
  이 도로에서 최소속도는 70km/h이다.

labor   f   노동   labor
laboratorio / 연구소, 실험실
- Es una **labor** muy dura, pero es honesta.
  매우 힘든 노동이지만 정직한 것이다.

lado   m   옆, 측면에   side
costado / 옆, 옆구리
- Me siento bien a su **lado**.
  난 그의 옆이 좋다.

ladrar   intr   개가 짖다   to bark
rabia / 광견병, 격노   bramar / 울부짓다, 포효하다
- El perro de mi vecino **ladró** toda la noche.
  내 이웃집 개가 저녁내내 짖어댔다.

ladrón/a   m/f   도둑   thief
ratero / 소매치기
- Cuando vayas al centro, debes tener cuidado de los **ladrones**.
  시내에 갈때엔 도둑 조심을 하여라.

lago　　m　　호수　　　　　lake
laguna / 호수, 연못　estanque / 연못
- El **lago** más alto del mundo es el Lago Titicaca, de Bolivia.
  세계에서 가장 높은 곳에 위치한 호수는 볼리비아의 티티카카 호수이다.

lágrima　　f　　눈물　　　　　tear
llorando / 우는
- **Lágrimas** de cocodrilo.
  직역으론 악어의 눈물. 의역: 위선적 눈물

lamentar　　tr　　슬퍼하다　　　to lament
deplorar / 슬퍼하다, 한탄하다
- Te **lamentarás** de haberme dejado.
  나와 헤어진것을 후회할거야.

lámpara　　f　　램프　　　　　lamp
bombilla / 전구　farol / 등대
- La **lámpara** es encima de los estantes para libros.
  램프는 책장위에 있다.

lanzar　　tr　　던지다, 발사하다　　to throw
arrojar / 던지다, 내뱉다　bolear / 던지다
- El niño travieso no dejaba de **lanzar** papeles durante la clase.
  개구쟁이 아이는 수업 내내 종이 던지는 것을 멈추지 않았다.

lápiz　　m　　연필　　　　pencil
bolígrafo / 볼펜　tinta / 잉크　grapadora / 호치키스
◦》 Hay que sacarle punta a este **lápiz**.
이 연필은 좀 깎아야겠다.

largo/a　　adj　　긴　　　　long
corto / 짧은
◦》 Tienes el pelo muy **largo**. 너 머리가 많이 길었구나.

lástima　　f　　애석함, 한탄　　pity
amargura / 애석, 비통
◦》 Qué **lástima** que no puedas venir a mi fiesta.
내 파티에 올 수 없다니 아쉽구나.

lata　　f　　깡통캔, 통조림　　can
bote / 깡통　enlatado,a / 통조림으로 된
◦》 Me compré una **lata** de gaseosa. 음료수 한 캔을 샀다.

lavar　　tr　　세탁하다　　　to wash
lavandería / 세탁소　deshidratar / 탈수하다
deshidratación / 탈수
◦》 ¿Terminaste de **lavar** los platos? 설거지 다했니?

lección　　f　　학과　　　　lesson
currículum / 교과과정, 커리큘럼
◦》 Espero que hayas aprendido la **lección**.
교훈을 얻었기를 희망한다.

leer　　　tr　　읽다　　　　to read
lectura / 읽기, 독서
- Víctor le gusta **leer** historietas.
  빅토르는 만화 보는것을 좋아한다.

legal　　　adj　법에 따른　　legal
legalización / 인증, 공증　ilegal / 불법의
- ¿Es **legal** lo que estás haciendo?
  네가 하는 일이 합법적이니?

lejos　　　adv 멀리, 아주 먼　far away
más lejos / 더 멀리
- ¿Está **lejos** de acá? 여기에서 머니?

lente　　　m　안경, 렌즈　　glasses, lens
anteojos / 안경
- Me molestan las **lentes** de contacto.
  난 콘텍트렌즈가 불편하다.

lento/a　　ad　느린, 더딘　　slow
despacio / 느린
- Este bus es muy **lento**. 이 버스는 너무 느려.

lesión　　　f　　부상　　　wound, injury
herida / 부상, 상처
- Me alegro de que Juan haya salido con pocas **lesiones**.
  후안이 많이 다치지 않아 다행이다.

letra f 글자, 문자 letter, lyrics
lírico / 서정, 가사
🔹 Me gusta la **letra** de esta canción.
이 노래 가사가 마음에 든다.

levantar tr 올리다, 잠에서 깨다 to get up, to lift
levantarse / 일어나다, 기상하다
🔹 Él se **levanta** muy temprano cada mañanas.
그는 매일 아침 일찍 기상한다.

ley f 법 law
código / 법전 disciplina / 규율, 규칙
🔹 La **ley** está para ser cumplida.
법은 지켜지기 위해 존재하는 것이다.

leyenda f 전설 legend
mito / 신화, 전설
🔹 El tenor Plácido Domingo es una **leyenda** viva de la opera moderna.
플라시도 도밍고 테너는 현대 오페라의 살아있는 전설이다.

libertad f 자유 liberty, freedom
libertar / 석방하다, 해방하다
🔹 A principios del siglo 19 se proclamó la **libertad** en muchas naciones sudamericanas.
19세기 초에 많은 남미국가들이 독립을 선언하였다.

libre adj/ 자유로운, free, vacant
m 빈자리, 공짜

desocupado,a / 비어있는, 실직자
- Generalmente soy **libre** por la noche.
  나 보통 밤에는 프리인데.

libro m 책 book
librería / 서점 tomo / (책의)권 historieta / 단편만화
caricatura / 카툰
- El **libro** más vendido y más traducido en la historia de la humanidad es la Biblia.
  인류 역사상 가장 많이 팔리고 번역된 책은 성경이다.

licencia f 허가, 라이센스 license
brevet / 특허
- La **licencia** de conducir internacional emitida en cualquier país solo es válida por un año.
  어떤 국가에서든 발행하는 국제운전면허증의 유효기간은 1년이다.

líder m/f 리더 leader
dirigente / 지도자, 리더
- El pueblo recuerda a sus **líder**.
  민중은 그들의 리더를 기억한다.

liga   f   연맹, 리그   league
ligar / 맺다, 동맹하다   división / 조, 구분
- La **Liga** de Mayores de Beisbol de los Estados Unidos es donde juegan los mejores beisbolistas del mundo.
 미국메이저리그는 전 세계 최고의 야구선수들이 활동하고 있는 곳이다.

ligero/a   adj   가벼운   light
leve / 가벼운, 경미한
- Nunca tomes tus compromisos a la **ligera**.
 너의 약속들을 절대 가벼이 여기지 말라.

límite   m   한계   limit
prohibición / 금지, 제한   borde / 가장자리, 끝
- El Río de la Plata es el **límite** oeste de la Provincia de Buenos Aires.
 부에노스 아이레스주의 서쪽 경계선은 라쁠라따 강이다.

limpiar   tr   청소하다   to clean up
limpio,a / 깨끗한, 청결한
desinfectar / 소독하다   fumigación / 소독
- Siento que este aire del bosque **limpia** mis pulmones.
 이 숲속 공기가 내 폐를 청소하는 듯한 기분이다.

lindo/a　　adj　귀여운, 러블리한　　handsome, pretty

mono,a / 귀여운, 예쁜

» Qué **lindo** que sos!
너 참 착하다! (lindo는 외모가 예쁘다, 라는 뜻이지만 이렇게 표현하면 상대의 성격을 뜻함)

línea　　f　선　　line

rasgo / 선, 줄

» Esa gitana lee las **líneas** de la mano.
저 집시는 손금을 볼 줄 안다.

líquido　　m　마실 것　　liquid

licor / 술, 주류

» **Líquido**, sólido, gaseoso. 액체, 고체, 기체.

listo/a　　adj　준비가 된, 머리가 좋은　　ready, clever

preparado,a / 준비가 된　sabio,a / 해박한, 박식한
lista / 리스트

» ¿Estás **lista** para salir? 외출 준비됐니?

literatura　　f　문학　　literature

literato,a / 문인, 창작가

» La serie de Harry Potter se ha destacado en la **literatura** infanto-juvenil.
아동 청소년기 문학작품들 중 해리포터 시리즈가 돋보였다.

liviano/a　　adj　가벼운　　　　light, trivial
ligero / 가벼운
▸ Quisiera comer algo **liviano**. 간단한 음식을 먹고 싶다.

loco/a　　adj　미친　　　　mad, crazy
manía / 매니아　disparate / 엉터리의, 미친
▸ No lo hago ni **loca**. 그 일은 미쳐도 안해.

locura　　f　광기　　　　madness
demente / 미친, 정신병자　alienación / 광기
▸ Ella lo amaba con **locura**.
그녀는 그를 열정적으로(미친듯이)사랑했다.

lograr　　tr　얻다, 달성하다　to get, to obtain
conseguir / 얻다
▸ Debes trabajar duro para **lograr** tus objetivos.
너의 목표를 달성하려면 힘들게 일해야 한다.

lucha　　f　싸움, 투쟁　　fight, struggle
combate / 싸움, 난투　combatir / 싸우다
▸ El gobierno de Bolivia está **luchando** para erradicar el narcotráfico.
볼리비아 정부는 마약매매를 뿌리뽑기 위해 힘쓰고 있다.

lucir　　intr　빛나다　　　to shine
brillar / 빛나다　radiar / 빛을 내다
▸ Ella se **lució** en su vestido nuevo.
그녀는 새 드레스를 입고 아주 빛이 났다.

luego adv 나중에, 곧바로 next, later
después / ~후에
- Te llamaré **luego**. 나중에 전화할게.

lugar m 장소, 곳 place, spot
sitio / 장소, 곳
- Este **lugar** es muy visitado por famosos.
이곳은 유명인들이 많이 방문하는 곳이다.

lujo m 사치 luxury
extravagancia / 사치, 낭비
- Vive una vida de **lujo**.
그녀는 사치스러운 삶을 살고 있다.

luna f 달 moon
luna llena / full moon luna de miel /
honey moon halo / (달, 태양의) 무리
- La luna menguante 초승달,
   luna llena 보름달 **luna** de miel 신혼여행

luz f 빛 light
linterna / 손전등
- ¿Podrías encender la **luz**? 불 좀 켜줄래?

llamar　　tr　　전화를 하다　　to call
teléfono / 전화, 전화기　llamada / 어필
◉ Te **llamaré** esta noche. 오늘 저녁에 전화할게.

llanta　　f　　타이어, 바퀴　　tire, wheel
neumático, rueda / 타이어
◉ Se pinchó la **llanta** de tu auto.
네 차의 타이어가 펑크났어.

llave　　f　　열쇠　　key
llavero / 열쇠고리　cerradura / 자물쇠
◉ Daniel vendrá a mi casa, dice que perdió las **llaves** de su departamento.
다니엘이 집에 올 거야, 자기 아파트 열쇠를 잊어버렸대.

llegar　　intr　　도착하다, 오다　　to arrive, to come
llegada / 도착
◉ ¿A qué hora **llega** tu tren?
(네가 타고 올)기차는 몇 시에 도착하니?

llenar　　tr　　가득채우다　　to fill up
Estoy lleno / I'm full　lleno,a / 배부른

harto,a / 배부른   relleno,a / 가득찬
-◈ Los formularios de trámites legales se tiene que **llenar** personalmente y no por terceros.
법적양식과 서류신청은 본인이 직접 작성해야지 제 3자가 기재할 수 없습니다.

llevar   tr   가지고 가다   to carry off, to take
transportar / 나르다, 운송하다
-◈ La tarea de un misionero cristiano es **llevar** el evangelio de Jesús hasta el fin del mundo.
크리스천 선교사들의 임무는 세상 끝까지 예수의 복음을 전파하는 일이다.

llorar   intr   울다   to cry
llanto / crying
-◈ El **llorar** es una de las maneras de liberar estrés.
스트레스는 푸는 방법 중 하나는 우는 것이다.

llover   intr   비가 내리다   to rain
estación de lluvias / 우기
-◈ Según los pronósticos, hoy **lloverá** todo el día.
일기예보에 따르면, 오늘은 하루 종일 비가 올 것이다.

lluvia   f   비   rain
garúa / 이슬비   pluvia / 비
-◈ Debes visitar el desierto de Uyuni en temporada de **lluvia**.
우유니 사막은 우기에 가봐야 한다.

macho m 수컷 male
hembra / 암컷, 여성
- Los hombres que se creen **machos** son personas con una autoestima muy alta.
  마쵸의식이 있는 남자들은 보통 자기애가 강한 사람들이다.

madera f 목재 wood
panel / 판넬, 널판지 leña / 장작, 불쏘시개
- La **madera** cuchi de la Zona Amazónica, se pone más dura que el acero cuando se seca.
  아마존 지역의 꾸치라는 나무는 건조시키면 강철보다 강해진다.

madre f 어머니, 수녀 mother
materno,a / 모성의, 모국의
- La **Madre** Teresa de Calcuta fue una de las personas más influyentes del siglo 20.
  테레사수녀는 20세기의 가장 영향력있는 인물들 중 하나였다.

madrugada f 새벽 dawn
alba / 여명, 동틀무렵
- Los panaderos se despiertan en la **madrugada** para preparar sus panes.
  Baker는 빵들을 준비하기 위해서 새벽에 일어난다.

maestro/a m/f 교사, 선생님 teacher, master
profesor,a / 교수님
◈ ¿Quién es tu **maestro** de matemáticas?
너의 수학 선생님은 누구시니?

mágico/a m/f 마술사 magician
adj 환상적인 magical
magia / 마술, 마력
◈ Esta experiencia fue **mágica**.
이 경험은 환상적으로 좋았다.

malentendido m 오해 misunderstanding
entendimiento / 이해, 분별
◈ Todo fue un **malentendido**, debemos aclararlo.
모든 것은 오해였다, 해명해야 한다.

maleta f 여행 가방 suitcase
valija / 여행용 가방
◈ Hice la **maleta** para mi viaje. 여행을 위해 짐을 꾸렸다.

malo/a a 나쁜 bad
mal / 악, 나쁜 vicio / 악, 부도덕
maldición / 저주, 악담, 징크스
◈ Al final, tuvo que hacerlo de **mala** gana.
결국엔, 싫어도 억지로 해야 했다.

mancha   f   얼룩   stain
pinta / 얼룩, 반점
- No puedo quitar la **mancha** de esta camisa.
이 셔츠의 얼룩을 지울 수가 없다.

mandar   tr   발송하다, 명령하다   to order, to send
remitir / 발송하다   ordenar / 명령하다, 지시하다
- Juan tiene dotes para **mandar**.
후안은 명령하는 재주가 있어.

manejar   tr   운전하다, 작동시키다   to drive, to operate
conducir / 운전하다   manejo / 취급, 조작법
- Lucila no sabe **manejar**. 루실라는 운전을 못한다.

manera   f   방식, 방법   way, manner
método / 방법, 순서   modo / 방법
- Es una buena **manera** de sacarle jugo.
즙을 내는 아주 좋은 방법이다.

mantener   tr   부양하다, 유지하다   to support, to maintain
mantenerse / 유지되다   sostener / 받치다, 키워주다
- Para la gimnasia artística tiene que aprender a **mantener** el equilibrio.
체조선수들은 균형을 유지하는 법을 배워야 한다.

mantenimiento　　m　　관리비, 유지　　maintenance
mantenencia / 지속, 유지, 보존
◈ No olvide pagar el **mantenimiento** con la renta del departamento.
아파트 임대료와 함께 관리비를 납부하는 것을 잊지 마세요.

mañana　　f　　아침, 오전　　morning
amanecer / 새벽
◈ Por la **mañana** será otro día.
내일은 다른 날이 될거야(내일은 새 태양이 뜬다는 식으로, 내일 모든 것을 새롭게 시작한다는 뜻)

mapa　　m　　지도　　map
mapamundi / 세계지도
◈ En este **mapa** no me aparece el lugar!
그 지도엔 장소가 나타나질 않잖아!

maquillar　　tr　　화장하다　　to make up
maquillaje / 화장, 메이크 업　cosmético / 화장품
manicura / 매니큐어　colorete / 립스틱
◈ Carmen se **maquilla** rápido antes de salir.
까르멘은 외출 전 급하게 화장을 한다.

máquina f 기계 machine
mecánico / 기술자 ingeniero / 기술자, 엔지니어
maquinización / 기계화
⁕ Hay una **máquina** de tabaco en la puerta del bar.
바 입구에 담배가판대가 있다.

mar m 바다 sea
marino,a / 바다의 océano / 대양, 해양
⁕ El **mar** de Mediterráneo baña el sur de Europa.
지중해는 남유럽을 적신다.

maravilla f 불가사의, 경이 wonder
maravilloso,a / 경이적인, 놀라운 milagro / 기적, 경이
⁕ La pasamos de **maravilla**.
우리는 아주 멋지게 시간을 보냈다.

marca f 표, 마크 brand, mark
marcar / 표시를 하다, 도장을 찍다
⁕ Guadalupe tiene una **marca** de nacimiento.
과달루뻬는 태어나면서부터 생긴 점이 있다.

marcha f 행진 march
marchar / 행진하다
⁕ Organizaron una **marcha** en el sindicato de trabajadores.
노동협회에서 시위대를 결성하였다.

marco m 테두리, 액자 frame
bastidor / 테, 틀
⋙ Qué **marco** tan exótico! 참 특이한 액자이구나!.

martillo m 망치 hammer
hacha / 도끼 batir / 부수다, 세게치다
⋙ Gonzalo se machacó los dedos con el **martillo**.
곤살로는 망치로 손을 다쳤다.

más adv 더 많이 more than
menos / 더 적게
⋙ No tengo **más** remedio que tomarme un taxi.
택시를 타는 방법밖에 없겠다.

máscara f 가면 mask
careta / 마스크, 가면 careta antigás / 방독면
⋙ En esta fiesta es indispensable taparse la cara con una **máscara**.
이 파티엔 얼굴을 가면으로 가려야 한다.

mascota f 애완동물 puppy, pet
animales domésticos,as / 가축
⋙ Samanta le lloraba a su papá para que le compre una **mascota**.
사만따는 애완동물을 사 달라고 아빠에게 울어대고 있었다.

masculino/a adj 남자의 male
femenino,a / 여성의
- sexo **masculine** / 남성 sexo femenino / 여성

matar tr 죽이다 to kill
asesinar / 살인하다 matarse / 자살하다
- Me **mata** a mucha duda.
그는 많은 의심으로 나를 괴롭힌다.

matrimonio m 결혼, 부부 marriage
boda / 결혼 prometido,a / 약혼자
- Celebraron su **matrimonio** en un salón.
그들은 결혼식을 회장에서 치뤘다.

máximo/a adj 최대의, 최고의 maximum
mínimo,a / 최소의
- La temperatura **máxima** hoy es de 40 grados.
오늘의 최고온도는 40도이다.

mayor adj/ 주된, 더 큰, bigger, older,
 m 도매 wholesale
mayoría / 대부분, 대다수
multitud / 대다수, 군중 muchedumbre / 군중
- Mi hermano **mayor** se llama Patricio.
내 큰 오빠/형은 이름이 빠뜨리시오다.

mecer   tr   흔들다   to swing
mecerse / 흔들리다
- Benny goodman era el rey del jazz de **mecer**.
  베니 굿맨은 스윙재즈의 왕이었다.

mediano/a   m/f   중간의   medium size, middle
chico,a / 작은치수, 스몰의
- Necesito una talla **mediana**.
  중간 사이즈(M)이 필요합니다.

medicina   f   약, 의학   medicine
farmacéutico,a/ 약사
- La **medicina** ha conseguido alargar la vida de las personas.
  의약은 사람들의 수명을 연장하는데 성공했다.

medida   f   치수, 싸이즈   measure, size
tamaño / 싸이즈
- Mateo se ha hecho un traje a **medida**.
  마테오는 옷을 맞추었다(맞춤복 traje a medida).

medio/a   adj   반의, 절반의   half
mitad / 반   promedio / 중간, 평균
- Francisco salió en el **medio** de la reunión.
  프란시스코는 회의 도중에 나가 버렸다.

medir tr 재다, 측량하다 to measure
medidor ,a / 계량기, 미터기
◈ ¿Cuántos **mide** usted? 키가 얼마예요?

meditación f 명상 meditation
meditar / 명상하다, 묵상하다
◈ Laura le gusta **meditar** con la música en alto.
라우라는 음악을 크게 틀어놓고 명상을 즐긴다.

mejor adj 더 좋은 better
bueno의 비교급
◈ Mañana será **mejor** que hoy. 내일은 오늘보다 좋을 거야.

mendigo/a m/f 거지, 걸인 beggar
vagabundo,a / 부랑자, 방랑객
◈ Había un **mendigo** en la puerta de la iglesia.
교회 입구에 거지가 있었다.

menor adj 더 작은, 미성년자 smaller, minor
m/f
más pequeño que~ / ~보다 더 작은
◈ Lo que dice no tiene la **menor** importancia.
그가 하는 얘기는 중요하지가 않아요.

menos adv 더 작게, ~ 이하 less, fewer
más / 더 많이
◈ Todo **menos** eso! 그것만 빼고 다 좋아!

mensaje　m　메시지　　message
recado / 메시지, 전갈
» ¿Podría dejar un **mensaje** para el señor Pérez?
뻬레쓰씨께 메시지를 남길 수 있을까요?

mensual　adj　달마다　　monthly
por mes / monthly
» Ellos habían hecho un contrato **mensual**.
그들은 월별 계약을 했다.

mental　adj　마음의, 내적인　mental
mente / 마음, 정신, 두뇌
» Carlos está cansado **mentalmente**.
까를로스는 정신적으로 지쳐있다.

mentir　intr　거짓말을 하다　to lie
excusar / 변명하다　excusa / 변명
embuste / 거짓말　estafador,a / 사기꾼
» Damián se dio cuenta que le estaban **mintiendo**.
다미안은 모두가 그에게 거짓말을 하고 있다는 것을 깨달았다.

mentira　f　거짓말　　lie
mentiroso,a / 거짓말의
» Esto es toda una **mentira**!
그건 전부 거짓말이야!

menudeo　m　소매　　　　retail
detallista, minorista / 소매상
- ¿Hacen ventas al por **menudeo**? 소매 하십니까?

mercado　m　시장　　　　market
mercancía / 상품　feria / 시장, 장　zoco / 시장
- El precio siempre lo determina el **mercado**.
 가격은 늘 시장을 결정짓는다.

merienda　f　간식　　　　afternoon snack
tentempié / 간식
- ¿Qué quieres comer de **merienda**?
 간식으로 무엇을 먹고 싶니?

mérito　m　잇점, 장점　　merit
merecimiento / 공과, 공적
- Nadie se puede cuestionar sus **méritos** para este puesto.
 그 누구도 이 자리를 위한 그의 공로에 의문을 제기할 수 없다.

mes　m　달　　　　　　month
semana / 주
- Falta un **mes** para el gran evento.
 빅 이벤트에 한 달이 남았다.

mesa   f   탁자, 책상   desk, table
escritorio / 책상, 서재   mesilla / 작은 탁자
pupitre / 학교나 사무용 책상
- La comida ya está servida en la **mesa**.
  음식은 이미 상에 차려져 있다.

meta   f   목표, 결승점   goal, finish
portero,a / 골키퍼
- La **meta** de la vida de Graciela es ser feliz.
  그라씨엘라의 목표는 행복해 지는 것이다.

meter   tr   ~ 에 넣다   to put into
meterse / 들어가다   remeter / 깊숙히 넣다
- Claudio siempre se **mete** en donde no lo llaman.
  끌라우디오는 부르지도 않는데 끼어든다.

mezclar   tr   섞다, 혼합하다   to mix up
remover / 휘젓다   incluír / 섞다
- Obtenemos el color verde a partir de la **mezcla** de azul y amarillo.
  파란색과 노란색을 섞어 초록색을 만든다.

miedo   m   걱정, 겁   fear
temor / 무서움, 공포   susto / 놀라움, 쇼크
- Laura tiene **miedo** a las alturas.
  라우라는 고소공포증이 있다.

miembro   m   일원, 멤버   member
socio,a / 회원, 동료
⇢ Alejandro es **miembro** de la Real Academia.
알레한드로는 레알아카데미의 회원이다.

mientras   adv   그러는 동안에   meanwhile
entretanto / 그러는 동안에
⇢ **Mientras** caminaba por el centro me encontré con Sergio.
센뜨로에서 걷고 있을때 세르히오를 만났다.

milagro   m   기적   miracle
milagroso,a / 기적적인
⇢ Es un **milagro**! 이건 기적이야!

militar   m/f   군인   soldier
soldado / 병사, 군인
⇢ Los coreanos tienen que hacer el servicio **militar**.
한국 남자는 모두 국방의 의무를 지켜야 돼.

mirar   tr   보다   to look at
ver / 보다 contemplar / 찬찬히 바라보다, 명상하다
⇢ Darío **miraba** pasar a las personas.
다리오는 사람들을 바라보곤 했다.

mirada   f   시선   look, glance
mirador / 전망대 observatorio / 관측소, 기상대
⇢ Le sostuvo la **mirada**. 그는 시선을 고정시켰다.

miserable adj 불행한, 비참한　miserable
lamentable / 한탄스러운, 처참한
⋅▶ Solo un **miserable** pudo hacer esto.
　정말 불행한 사람만이 이런 일을 할 수 있었을 것이다.

mismo/a adj 같은, 자신의　same, self
tú mismo,a / yourself　yo mismo,a / myself
⋅▶ Katia y Samanta se compraron el **mismo** pantalón.
　까띠아와 사만따는 같은 바지를 구입했다.

misterio m 신비, 불가사의　mystery
enigma / 수수께끼, 불가사의
⋅▶ Este crimen es un **misterio**. 이 범죄는 미스터리다.

mitad f 절반　half, middle
medio,a / 중간, 절반
⋅▶ Luis se quedó callado en **mitad** del discurso.
　루이스는 연설 도중 말문이 막혔다.

mito m 신화, 전설　myth
alegoría / 우화
⋅▶ Los **mitos** griegos fueron convertidos en literatura por Homero.
　그리스 신화는 호메로에 의해 문학이 되었다.

mixto/a　　adj　혼합한　　　　mixed
mezcladora / 믹서기
◈ La escuela tiene un grupo **mixto** de alumnos y alumnas.
학교는 남녀 혼합반이다.

mochila　　f　　배낭, 색　　　backpack
saco / 색, 가방　mochilero / 배낭여행객
◈ Me compré esta **mochila** muy barata.
이 가방을 매우 싸게 구입했다.

moco　　　m　　콧물　　　　mucus
mucosidad / 코딱지
◈ Límpiate los **mocos**. 콧물 좀 닦아.

moda　　　f　　유행, 패션　　fashion
tendencia / 경향, 풍조
◈ El teléfono móvil no deja de estar de **moda**.
휴대전화는 유행이 안될 수가 없다.

modelo　　m　　기준, 모델　　rule, model
modelo a imitar / role model
◈ Este coche es un **modelo** de 1945.
이 차는 1945년도 모델이다.

moderno/a　adj　현대의　　　　　modern
modernismo / 현대주의, 모더니즘
- Esta escenografía es muy **moderna**.
이 무대시설은 매우 현대적이다.

modificar　tr　수정하다, 바꾸다　to modify
corrección / 교정, 수정　variar, cambiar / 바꾸다, 변경하다
- El director ha **modificado** el proyecto.
디렉터가 프로젝트를 변경하였다.

modo　m　방법, 방식　　　way, manner
manera / 방법
- No encuentro el **modo** de arreglar lo que hice.
내가 한 일을 수습할 방도를 못찾겠다.

moho　m　곰팡이　　　　mold
hongo / 균, 버섯
- Pan **mohoso**. 곰팡이낀 빵.

mojado/a　adj　젖은　　　to wet
humedad / 습기, 습도
- Las ropas se habían **mojado** por la lluvia.
비 때문에 옷들이 젖었다.

moler　tr　빻다, 찧다　　to grind, to crush
prensar / 누르다, 압착하다
- Deja ya de **molerme** con tus quejas!
너의 불평들로 찧어대지 말아줄래(바가지 좀 그만 긁어대!).

molestar　tr　방해하다,　　　to bother, to disturb
　　　　　　　　귀찮게하다

interrumpir / 방해하다, 중지시키다　incomodar / 불편하게 하다
◈ ¿Le **molesta** que fume?
　담배를 피워도 실례되지 않겠습니까?

momento　m　일순, 잠깐　　moment
mero,a / 바로 그(때, 곳)　instante / 잠시, 임시
◈ Disfruta al máximo este **momento**.
　이 순간을 최대한 즐겨라.

moneda　f　동전　　　　coin
caja de monedas / coin box
◈ Me quedó sin **monedas** para llamar.
　전화할 동전이 남지 않았다.

monopolio　m　전매, 독점　　monopoly
exclusivo / 독점적인, 배타적인, 유일한
◈ Esta universidad posee el **monopolio** de la enseñanza en esta zona.
　이 대학은 이 지역에서 교육의 독점권을 가지고 있다.

monstruo　m　괴물　　　monster
bestia / 야수, 짐승
◈ Carolina tiene miedo a los **monstruos**.
　까롤리나는 괴물을 무서워한다.

montaña f 산 mountain
monte / 산 carpa / 텐트 funicular / 케이블카
volcán / 화산 acantilado / 절벽
- Federico le gusta escalar **montañas**.
페데리꼬는 산에 오르는 것을 좋아한다.

montar intr (탈것에) 타다 to ride
motociclista / 오토바이주자
- Vayamos a **montar** motocicletas. 자전거 타러 가자.

montón m 더미, 대량 pile, lots of
amontonar / 축적하다, 쌓아 모으다
- Hay un **montón** de lugares para visitar.
방문할 곳들이 쌓였다.

monumento m 유적, 기념물 monument
monumental / 기념의, 불멸의
- Se hizo un **monumento** en honor a la patria.
그는 조국에 영광으로 기억됐다.

moral adj/f 도덕적인, 도덕 moral
ético,a / 윤리의, 폐병의
- Su comportamiento no es **moral**, es escandaloso.
그의 행동은 도덕적이지 않고 난잡하다.

morder tr 물다, 깨물다 to bite
picado,a / 찔린, 물린
- El perro le **mordió** la pierna a mi hermana.
 개는 내 언니의 다리를 물었다.

morir intr 죽다 to die
fallecer / 죽다 muerte prematura / 요절 inmortal / 불멸의
- Me **muero** por un poco de agua.
 물 한잔을 마시고 싶어 죽겠다.

motivación f 동기부여 motivation
motivo / 동기
- Hay que fomentar la **motivación** del alumnado.
 학생들의 동기부여에 힘써야 한다.

mover tr 움직이다 to move
movimiento / 움직임, 이동
traspasar / 이동하다, 옮기다, 나르다 traspaso / 이동, 통과
- No te **muevas**! 움직이지 마라!

muchacho/a m/f 젊은청년, 소녀 boy, girl
chico,a / 젊은이, 애들 zagal,a / 젊은이
- Se me hace conocido ese **muchacho**.
 이 남자아이를 어디서 본 것 같다.

mucho/a　　adj　　많은　　　　a lot of, much
muchísimo / 정말 많은 numeroso,a / 다수의
- ¿Vendrá **mucha** gente al concierto?
  콘서트에 많은 사람들이 올 겁니까?

mudar　　tr　　바꾸다,　　to change,
　　　　　　　　　　이동시키다　 to move

mudanza / 이사 mudarse / 변하다, 이사하다
- Me **mudo** el mes que entra.
  나 다음 달에 이사 할 거야.

mueble　　m　　가구　　　　furniture
mueblería / 가구점
- La casa está recién comprada y sin **muebles**.
  집을 방금 사서 가구가 없어.

muerte　　f　　죽음, 사망　　death
fallecimiento / 죽음 difunto,a / 고인
- En el tribunal lo condenaron a **muerte**.
  법정에서 그들은 그에게 사형을 선고했다.

muerto/a　　adj　　죽은　　　　dead
finado,a / 고, 죽은 exánime / 죽은, 혼수상태의
- Darío está **muerto** de aburrimiento.
  다리오는 심심해 죽으려 한다.

muestra　f　샘플, 견본　　　sample
panfleto / 팜플렛, 소책자
◈ En la perfumería le dieron una **muestra** gratis del nuevo producto.
화장품 가게에서 신 제품의 샘플을 주었다.

mugre　f　때, 기름때　　　dirt
suciedad / 오물, 불결
◈ ¿Qué es esta **mugre**? 저 때는 뭐니?

mujer　f　여성, 여자　　　woman
muchacha / 소녀
◈ Esa **mujer** me está volviendo loco.
이 여자 때문에 미치겠다(부정적)

multa　f　벌금　　　penalty
sanción / 징벌
◈ A Gonzalo lo **multaron** por estacionar en un lugar que no era el debido.
곤살로는 허용되지 않은 곳에 주차를 하여 벌금을 내게 되었다.

mundial　m　월드컵　　　world cup, worldwide
campeonato / 세계선수권
◈ Este partido es decisivo para la clasificación en el **mundial**.
이 경기는 월드컵 출전을 위해 아주 결정적이다(Mundial은 [세계의]라는 뜻이지만 통상적으로 월드컵을 칭함).

mundo   m   세계   world
globo / 지구본, 구체
- Se desconoce con certeza el verdadero origen del **mundo**.
아직 정확한 지구의 근원에 대해서 알 수가 없다.

muñeca   f   여자인형, 손목   doll, wrist
maniquí / 마네킹
- A Tamara le compraron una **muñeca** de trapo.
따마라에게 헝겊인형을 선물하였다.

muro   m   벽, 담   wall
mural / 벽의
- ¿Quién pintó este **muro**? 이 벽화는 누가 그렸니?

museo   m   박물관, 미술관   museum
galería / 전시실, 미술관
- El **museo** del Prado es una de las mejores pinacotecas del mundo.
프라도 미술관은 세계에서 가장 주요한 아트 갤러리 중 하나이다.

muy   adv   매우   very, too
bastante / 상당한
- Este trabajo esta **muy** bien hecho.
이 일은 아주 잘 되었다.

nacer　intr　태어나다　　　　to be born
nacimiento / 탄생, 출생　aborto / 낙태
renacimiento / 재생, 부활
- ¿Cuándo **nacerá** tu bebe?
  네 아이는 언제 태어날 예정이니?

nación　f　국가　　　　nation
nacional / 국가의　nacionalidad / 국적, 국민성
- Él hace la lealtad a la **nación**.
  그는 국가에 충성을 맹세했다.

nada　f　무, 없다　　　　nothing
mejor que **nada** / better than nothing
- No es **nada**. 아무것도 아니야.

nadar　intr　헤엄치다, 수영하다　to swim
natación / 수영
- No puedo **nadar** en el mar. 난 바다에서는 수영할 수 없어.

nadie　pron　아무도~ 않다　　nobody
ninguno,a / 아무도 ~ 않다
- **Nadie** tiene derecho a juzgar a otro.
  그 어느누구도 남을 판단할 수는 없다.

nativo/a　　adj　출생지의, 토박이의　　native
natal / 출생, 탄생의　innato,a / 타고난, 천성의
- Él es casi hablante **nativo**. 그는 거의 내이티브야.

natural　　adj　자연그대로의　　natural
naturaleza / 자연, 대자연
- Es muy **natural** que estás cansada.
네가 피곤해하는 것은 당연해.

navaja　　f　작은칼, 면도날　　knife
cuchillo / 작은 칼
- Te puedes cortar con esa **navaja**.
그 면도날로 베일 수가 있다.

navegación　f　항해, 네비게이션　　navigation
navegar / 항해하다　nave / 배
- La **navegación** por el río nos permitió contemplar algunos de los animales que allí habitan.
강으로의 항해는 그곳에 살고있는 일부 동물들의 관찰을 허락했다.

necesitar　　tr　필요로 하다　　to need
necesario / 필요한　apetecer / 원하다　precisar / 필요하다
requisito / 필수요건
- **Necesito** que estás acá el lunes.
난 월요일에 이곳에서 네가 필요하다.

negar　　tr　　부정하다, 거절하다　to deny, to refuse
denegar / 거절하다, 거부하다
⋙ Me **niego** a escucharte. 너의 말 듣는 것을 부정한다.

negativo,a adj 부정의, 소극적인　　negative
positivo,a / 긍정적인, 능동적인
⋙ Juan tuvo un resultado **negativo** en la prueba.
후안은 검사결과 부정적 결과를 얻었다.

negocio　　m　　사업, 거래　　business
comercio / 거래, 상업　administración / 관리, 경영
⋙ Hemos hecho un buen **negocio**.
우린 괜찮은 거래를 성립했다.

nervioso/a adj 신경질적인　　　nervous
temperamento sanguíneo / 다혈질　irascible / 성미가 급한
⋙ No me gusta trabajar bajo presión porque me pongo muy **nerviosa**.
난 내가 신경질적으로 변하기 때문에 압박적인 환경에서 근무하는 것을 싫어한다.

neutral　　adj 중립의　　　　　neutral
medio,a / 반의, 중간의
⋙ Ante la pelea de sus padres, Miriam mantuvo su puesto **neutral**.
부모님들의 싸움에서 미리암은 중립적 자세를 유지하였다.

nido m 둥지 nest
jaula / 새장
El cuervo salió del **nido** a buscar comida.
까마귀는 둥지에서 나와 먹이를 찾아나섰다.

niebla f 안개 fog, mist
vaho / 증기, 김
La **niebla** obligó a cancelar los vuelos previstos.
안개가 예정되어 있는 항공선을 취소하게 만들었다.

nieve f 눈 snow
hielo / 얼음
Era más blanco que la **nieve**. 그것은 눈보다 하얬다.

ninguno/a adj ~도 아니다 nobody
ningún / 어떤, 어느, 아무런 ~도 아니다
No ha venido **ninguno** de los invitados.
아직 초대받은 손님들이 아무도 도착하지 않았다.

niño/a adj 어린아이 child
hijo,a / 아이
Qué **niño** tan bonito. 참 예쁜 아이구나.

nivel m 수위, 레벨 level
grado / 단계, 학위
Pablo es un atleta de muy alto **nivel**.
빠블로는 높은 레벨의 선수이다.

noche f 밤 night
día / 낮, 주간
🔊 Esta **noche** tenemos un evento muy importante.
오늘 저녁 매우 중요한 이벤트가 열린다.

nocturno/a adj 밤의, 야간의 nocturnal
toda la noche / all night
🔊 Me gusta ver la programación **nocturna**.
난 심야방송을 보는 것을 좋아한다.

nombre m 이름 name
anónimo / 익명 nombrar / 추천하다, 임명하다
🔊 ¿Cuál es tu **nombre**? 너의 이름이 무엇이니?

nómina f 리스트, 명부 list
lista / 명부 nominación / 임명, 지명
🔊 Lo **nominaron** para el premio Nobel.
그들은 노벨상에 노미네이트 되었다.

norma f 기준, 규칙 standard, rule
estándar / 표준, 규격, 기준 regla / 규칙, 법칙
🔊 Es indispensable cumplir con las **normas** de trabajo.
사내 규칙을 지키는 것은 당연한 것이다.

normal adj 정상의 normal
anormal / 비정상적인 informal / 비공식의
🔊 ¿Es **normal** lo que está pasando?
지금 일어나는 일이 정상입니까?

nota f 표, 메모　　note, memo
notar / 인식하다　memorándum / 메모
◈ Le dejé una **nota** en la mesa.
그에게 상 위에 메모를 남겼다.

noticia f 뉴스, 소식　　news
noticias de último minuto / breaking news
comentarista / 해설자, 아나운서
◈ ¿Has oído la **noticia** de que Randy Rhoads ha muerto?
랜디 로즈가 죽었다는 뉴스 들었니?

novato/a adj 초보자　　beginner
principiante / 초심자, 초보자
◈ Este camarero es **novato**.
이 웨이터는 초보자이다.

novela f 소설　　novel
poeta, novelista / 시인, 소설가
◈ Pamela le gusta leer **novelas** románticas.
빠멜라는 로맨틱 소설을 읽는 것을 좋아한다.

novio/a m/f 애인　　boyfriend, girlfriend
enamorado,a / 애인, 반해버린　amante / 애인, 연인
◈ ¿Tienes **novio**? 남자친구가 있니?

nube　　f　　구름　　　　cloud
nublado / 비구름
◦▶ Viendo la apariencia de las **nubes**, en cualquier momento llueve.
구름을 보니, 언제 비가 올지 모르겠구나.

nuevo,a　　adj　새로운　　　new
novedad / 새로운 소식　antiguo,a , viejo,a / 낡은, 옛날의
◦▶ Acaba de aparecer una **nueva** colección.
지금 막 새 컬렉션이 출시되었다.

número　　m　　수　　　　number
número impar / 홀수　número par / 짝수　cifra / 숫자, 암호
◦▶ ¿Cuál es el **número** de la casa? 집 번호가 어떻게 되니?

nunca　　　adv　결코 ~ 이 아니다　never
jamás / 결코 ~ 이 아니다　ni~ni / ~도 없고 ~도 없이
◦▶ **Nunca** sabrán lo que hice.
내가 한 일을 아무도 모를 것이다.

o conj 아니면, 또한 or, either

u / 접속사 o가 o 나 ho 로 시작하는 단어 앞에 올때
mujere u hombre / 남과 여
- ¿Quieres la cerveza o iseul-churum?
맥주나 이슬처럼 뭐 마실래?

objetivo/a adj /m 객관적인, 목적 objective, goal

subjetivo,a / 주관적인, 주관 meta / 목표, 목적
- Su **objetivo** es dominar la junta.
그의 목적은 회의를 주도하는 것이다.

objeto m 물건, 목적 object

cosa / 것, 일
- ¿Para qué se usa este **objeto**?
이 물건은 무엇에 쓰는 것입니까?

obligación f 의무, 의무적 obligation

obligatorio,a / 의무적인
- Esto no es **obligatorio**. 이것은 의무적이지 않다.

obra f   일, 업무, 작품   work
obrero / 노동자,직공   montaje / 몽타쥬, 작품
estatua / 조각상, 동상
- No es **obra** de suerte, sino del esfuerzo.
  이것은 행운의 결과가 아니라, 노력의 결과이다.

observar tr   관찰하다   to observe
contemplar / 찬찬히 바라보다
- Pavel se quedó **observando** los animales del zoológico.
  빠벨은 동물원의 동물들을 관찰하고 있었다.

ocasión f   기회   chance, opportunity
ocacionar / 야기하다, 원인이 되게 하다
- Es una muy buena **ocasión** para hacerse amigos.
  이것은 친구가 되기 위한 아주 좋은 기회이다.

ocultar tr   감추다, 숨기다   to hide
oculto,a / 숨겨진   esconder / 숨기다
- Perla **oculta** sus emociones.
  뻬를라는 자기의 감정을 숨긴다.

ocupación f   직업, 점령   occupation
ocupar / 차지하다, 명령하다
- ¿Qué **ocupación** tiene tu papá?
  너의 아버지의 직업은 무엇이니?

ocupado/a　adj　바쁜　　　　　　　busy
concurrido,a / 혼잡한, 붐비는
◈ ¿Estás **ocupado** mañana? 너 내일 바쁘니?

odiar　　　tr　미워하다, 증오하다　to hate
odio / 증오　repugnar / 싫어하다　madición / 저주하다
abominar / 증오하다, 싫어하다　desilusión / 환멸
◈ No puedo dejar de **odiar** a las personas que son falsas.
　위선적인 사람들을 미워하지 않을 수가 없다.

ofender　　tr　모욕하다, 상처를 주다　to insult
insultar / 모욕하다
◈ Se **ofendió** con lo que dijiste.
　네가 한 말 때문에 그는 화가 났다.

oferta　　　f　제안, 오퍼, 세일　　　proposal, offer
ofrecer / 바치다, 제공하다
◈ Ésta es la última **oferta** que hacemos esta semana.
　이것은 이번 주의 마지막 제안입니다.

oficina　　　f　사무실, 사무소　　　　office
despacho / 사무실　oficial / 공식적인
oficinista / 사무직원　local / 사무실, 가게, 점포
◈ ¿Dónde queda la **oficina**? 사무실 위치가 어디입니까?

oír　　　　tr　듣다　　　　　　　　to hear
oído / 청각, 음감, 귀
◈ No puedo **oír** lo que dices. 네가 한 말을 들을 수가 없어.

ojalá   interj   부디, 제발   some hope
por favor / 제발
- **Ojalá** que puedas venir a la fiesta.
  네가 파티에 올 수 있었으면 좋겠다.

oler   tr   냄새를 맡다   to smell
olfato / 후각
- ¿Qué es lo que **huele**? 냄새나는 이것은 무엇이지?

olla   f   팬, 냄비   pot, pan
sartén / 프라이 팬   puchero / 냄비
- En la **olla** exprés, la verdura se hace en un instante.
  압력밥솥으로는 야채가 순식간에 익혀진다.

olor   m   냄새   smell, odour
aroma / 냄새, 향기
- Este **olor** es desagradable. 이 냄새는 거북하다.

olvidar   tr   잊다, 잊어버리다   to forget
olvido / 망각
- **Olvidaremos** este pequeño incidente.
  이 작은 사고를 어서 잊어버리자.

onda   f   파도, 물결   wave
ola / 파도
- Como hace viento, el lago está lleno de **ondas**.
  바람이 어떻게 하는지, 호수는 물결이 치고 있다.

operación f 수술 operation

operar / 수술하다 cirugía / 외과

- La **operación** salió muy bien.
  수술은 성공적으로 끝났다.

opinar intr 의견을 가지다, 생각하다 to think

opinión / 생각, 견해 prejuicio / 편견

- Prefiero no **opinar** sobre la cuestión.
  이 문제에 대해 아무 의견도 내지 않는 것이 좋겠다.

oportunidad f 기회 opportunity, chance

oportunista, pancista / 기회주의자

- Es una muy buena **oportunidad**.
  이것은 매우 좋은 기회이다.

oración f 기도, 문장 prayer, sentence

frase / 구, 문장

- Carmen siempre reza una **oración** antes de acostarse.
  까르멘은 자기 전에 꼭 기도를 한다.

oral adj 구두의 oral

orador,a / 연설자, 설교사

- Haremos un examen **oral** y otro escrito.
  구두시험과 필기시험을 치를 것이다.

orden m 오더, 주문 order
ordenar / 정돈하다, 주문하다 ordenación / 질서, 배치
➼ Todos hablaban sin **orden** que nada quedó claro.
모두들 정신없이 이야기를 해서 아무것도 제대로 이해되지 않았다.

ordenador m 컴퓨터 computer
computadora / 컴퓨터 portal / 싸이트
contenido / 컨텐츠, 내용물 teclado / 키보드, 건반
➼ Planeo comprar una nueva **computadora**.
새 컴퓨터를 하나 사려고 계획중인데.

ordinario/a adj 보통의, 일반적인 ordinary
normal / 보통의
➼ Su forma de hablar es muy **ordinaria**.
그의 말하는 방식은 매우 보편적이다.

orgulloso/a adj 자존심이 강한 proud
orgullo / 자존심, 프라이드
➼ Tamara es muy **orgullosa**.
따마라는 자존심이 강하다.

origen m 기원 origin
original / 오리지널
➼ Este relojes de **origen** suizo.
이 시계는 스위스산이다.

219

orilla　f　　끝, 가장자리　　edge
borde / 끝, 가장자리　margen / 가장자리, 마진
- Laura le gusta tomar el sol a la **orilla** del mar.
라우라는 해변가에서 일광욕하기를 즐긴다.

orina　f　　오줌, 소변　　urine, pipi
orinar / 소변 보다　pipí / 오줌
- En el hospital le mandaron hacer un análisis de **orina**.
병원에서는 소변검사를 하라고 요구했다.

oro　m　　금　　gold
rubio,a / 금발, 금발의　plata / 은
- La abuela de Carla tiene un joyero donde guarda todo el **oro**.
까를라 할머니는 금붙이를 보관하는 보석함이 있다.

oscuro/a　adj　　어두운　　dark
obscuridad / 어둠　obscuro,a / 어두운　moreno,a / 갈색의, 흑인
- Se vieron metido en una **oscura** situación.
그는 암울한 환경에 처해 있었다.

otro/a　adj　　다른, 다른것　　another
diferente / 다른
- Necesito **otro** folio. 다른 폴더가 필요하다.

oxígeno　m　　산소　　oxygen
dióxido de carbono / 이산화탄소　ozono / 오존
- Falta de **oxígeno**. 산소부족

paciencia f   인내, 참을성, 끈기   patience
paciente / (참을성이 있는) 환자, 병자
- Tenga **paciencia**, que enseguida le atiendo.
  잠시만 기다려 주세요. 곧 도와드리겠습니다.

pacto   m   협정, 조약   agreement, pact
acuerdo, contrato / 협정, 계약
- El presidente del país vecino no quiso firmar el **pacto**.
  이웃국의 대통령은 조약에 서명을 원하지 않았다.

padre   m   아버지, 신부   father
papá / 아빠 papa / 교황 paterno,a / 아버지의, 부성의
- ¿Cuántos años cumple tu **padre** este año?
  너희 아버지는 올해 나이가 어떻게 되시니?

pagar   tr   지불하다   to pay
pago / 지불 vencimiento / 만기일
- Te voy a **pagarlas**! 이 일에 대해 앙갚음을 해 줄거야!

página   f   쪽, 페이지   page
hoja / 페이지
- Solo pude leer la primera **página**.
  첫 페이지밖에 읽지 못했어.

país　　m　　나라, 국가　　　country
nación / 국가　continente / 대륙　pueblo natal / 고향
- ¿ De qué **país** eres? 넌 어느 나라에서 왔니?

paisano/a　m/f　동포,　　　　compatriot
　　　　　　　　　같은나라사람

compatriota / 동포, 민족
- Me encontré a un **paisano** viajando.
여행중에 같은 나라 사람을 만났다.

palabra　　f　　단어, 낱말, 약속　word
modismo / 숙어　abreviatura / 약어
léxico,a / 어휘의, 사전에 관한　término / 단어, 용어
- Mario cumplió su **palabra**. 마리오는 약속을 지켰다.

palacio　　m　　왕궁　　　　palace
chalet / 별장, 산장
- Los reyes de España viven en el **palacio** de la Cajamarca.
스페인 국왕들은 까하마르까의 궁전에서 산다.

palco　　m　　특별석　　　special box,
　　　　　　　　　　　　　　　theatre balcony
tribuna / 관람석
- Vimos la ceremonia desde un **palco**.
우린 특별석에서 행사를 관람하였다.

palillo m 젓가락, 이쑤시개 chopstick
mondadientes / 이쑤시개
- Los chinos comen el arroz con **palillos**.
중국인들은 쌀을 젓가락으로 먹는다.

palo m 방망이 stick
bastón / 막대기, 지팡이 báculo / 지팡이
- Me compré unos **palos** de golf. 골프채를 한 쌍 샀다.

pantalla f 스크린, 갓, screen,
칸막이 lampshade, partition
monitor / 모니터 cortina / 칸막이 biombo / 병풍
- Estrellas de la **pantalla**. 은막의 별들

papel m 종이, 역할 paper, role
pañal / 기저귀
- Dame un **papel** para anotar tu teléfono.
너의 전화번호를 적으려고 하는데 종이를 좀 건네주렴.

paquete m 소포 package
envolver / 포장하다 empaquetar / 짐을 꾸리다
- ¿Ya te llegó el **paquete**? 소포가 도착했니?

par m 한쌍, 짝수 pair, couple
pareja / 한 쌍, 부부, 2인조
- Estuvo un **par** de veces. 그는 몇 번 와 본 적이 있다.

223

para prep ~을 위하여, ~을 하려고 for

por / ~로, ~에 의해서, ~대신에
- ¿**Para** qué quieres eso? 무엇 때문에 그것이 필요하니?

parado/a adj/m/f 멈춤, 실업자 stop, unemployed

desempleado / 실업
- El tren está **parada**. 기차가 멎었다.

paradoja f 모순, 패러독스 paradox
parodia / 패러디 absurdo,a / 모순적인
absracto,a / 추상적인
- Eso es verdadera **paradoja**. 그것은 진정한 모순이야.

paraguas m 우산 umbrella
impermeable / 우비 quitasol / 양산
- Está lloviendo afuera, pero no traje **paraguas**.
  지금 밖에 비가 오고 있는데, 난 우산을 가져오지 않았다.

paraíso m 천국 paradise
cielo / 천국
- Mi casa es un **paraíso** para mí. 내 집은 내게 천국이다.

parar tr 멈추다, 세우다 to stop
paradero / 정류장 detener / 말리다, 체포하다
- **Paró** la lluvia. 비가 그쳤다.

parecer　　intr　　~추측되다, ~보이다　　to seem, to look

parecer / 의견, 생각
- Adrián se **parece** mucho a su papá.
  아드리안은 아빠를 많이 닮았다.

parecido/a adj　　거의 비슷한, 잘생긴　　similar, handsome

similitud / 유사, 근사
- Qué buen **parecido**! 참 잘 생겼구나!

pared　　f　　벽, 막　　wall
muro / 벽
- Estoy contra la espada y la **pared**.
  진퇴양난이다(난 칼과 벽 사이에 서 있다.)

parejo/a　　adj/f　　같은, 유사한, 짝　　couple, pair, other one

semejante / 유사한, 비슷한
- La **pareja** estuvo casada en 2008.
  그 커플은 2008년에 결혼했다.

parque　　m　　공원　　park
parque temático / tema park
- Susana sale a correr todas las mañanas al **parque**.
  수사나는 매일 아침 공원에 조깅하러 간다.

parte　f　부분, 파트　　　part
parcial / 일부분의　porción / 부분, 배당분
secccíón / 부, 과　sector / 분야
◈ ¿Qué **parte** me toca? 내게 할당된 부분은 어디인가?

participar　intr　참가하다, 참여하다　participate
participación / 참여, 참가　intervención / 간섭, 감사, 중재
◈ Omar **participó** en la obra de teatro.
오마르는 연극작품에 참가하였다.

particular　adj　특수한, 사적인　　particular, special, private
especial / 특별한　privado,a / 개인의
◈ Este es un caso muy **particular**.
이것은 아주 특별한 경우이다.

partida　f　출발, 이륙, 장부　departure, certificate
salida / 출발, 출구　aterrizaje / 착륙
◈ Debo revisar todas las **partidas** para el cierre del mes.
월 마감을위해 난 모든 장부를 점검해야 한다.

partido,a　adj　나뉘어진,　　party, team
　　　　　　/m　정파, 팀
grupo / 당　prórroga / 연장전
◈ El **Partido** de los Verdes. 녹색당

partir　　tr　　나누다, 출발하다　　to split, to divide, to set off

dividir / 나누다
▶ Ella acaba de **partir** hacia México.
그녀는 방금 멕시코로 떠났다.

parto　　m　　출산, 분만　　birth

nacimiento / 탄생
▶ Mi amiga estuvo aterrada en el **parto**, pero logró dar luz a un bebé hermoso.
내 친구는 출산에 대한 공포가 있었지만 아주 예쁜 아이를 낳을 수 있었다.

pasado/a　　adj /m　　지난, 과거　　past

antiguo,a / 오래된, 골동품
▶ Eso ya quedó en el **pasado**. 그것은 이미 지난 일이다.

pasajero/a　　m/f adj　　승객, 일시적인　　passenger, temporary

pasaje / 통과, 통행료　viajero / 여행자, 승객
▶ Es un amor **pasajero**. 이것은 지나가는 사랑일 뿐이다.

pasar　　tr　　통과하다, 건너다　　to pass

pase / 허가증, 여권
▶ ¿Me podrías **pasar** tu dirección de e-mail?
네 이메일 주소를 좀 알려주겠니?

pasear intr 산책하다, 산보하다 to take for a walk

paseo / 산책

◦» Juan está **paseando** a tu perro.
후안은 개를 산책시키고 있다.

pasión f 열정 passion

ardor / 갈망, 열정

◦» Todos sabemos que Ana tiene **pasión** por el arte.
우리 모두는 아나가 예술에 열정을 가지고 있다는 것을 잘 알고 있다.

pastor,a m/f 목동, 목사 shepherd, pastor

monje / 수도승, 승려   ministrio / 장관, 사제, 목사

◦» El **pastor** perdió a su rebano.
목동이 자신의 양떼를 잃었다.

pata f (동물의) 발, 다리 leg, foot

pie / 발   pierna / 다리

◦» Metiste la **pata**. 일을 그르쳐 버렸다.(직역: 발을 걸었다)

patio m (파티등을 할 수 있는) 장소, 뜰 patio, countryside, yard

jardín / 정원

◦» Tengo un **patio** muy amplio.
난 넓은 마당을 가지고 있다.

patriota　　m/f　애국자　　　patriot
patrio,a / 고향의, 조국의
◈ Los coreanos se vuelven **patriotas** cuando juega su selección de fútbol.
한국인들은 자신의 축구팀이 경기할 때에 애국자가 되어 버린다.

patrón/a　　m/f　사장, 우두머리　boss, master
jefe / 사장, 보스　dirección / 방향, 임원진
◈ El **patrón** tiene varias obligaciónes y prohibiciónes.
사장은 다양한 의무와 제약을 가진다,

pausa　　f　휴식, 중지　　pause, break
intervalo / 인터벌
◈ ¿Por qué no hacemos una **pausa** y descansamos un poco?
잠시 중단하고 휴식을 취하는 게 어때?

paz　　f　평화　　　peace
tranquilidad / 평온, 평안
◈ Deja en **paz** a tu hermano! 네 동생 좀 가만히 내버려 둬!

pecado　　m　죄　　　sin
ofensa / 죄, 모욕
◈ Todos seremos penalizados por nuestros **pecados**.
우리 모두는 우리 죄로 벌을 받게 될 것이다.

pedazo　m　조각, 일부분　piece
trozo / 단편, 조각
» ¿Me pasas un **pedazo** de papel para tomar nota?
메모를 하게 쪽지를 넘겨주겠니?

pedir　tr　부탁하다, 주문하다　to ask for, to request
pedido / 의뢰, 부탁, 주문(서)
» Juan le **pidió** la mano a su novia.
후안은 여자친구에게 청혼을 했다.
(pedir la mano: 청혼하다)

pedo　m　방귀　fart
caca / 응가
» ¿Quién se tiró un **pedo**? 누가 방귀를 끼었니?

pegamento　m　접착제, 풀　glue
adhesivo / 접착물
» Prefiero el **pegamento** en barra porque no derrama.
흘러내리지 않아서 막대풀을 선호한다.

pegar　tr　붙이다　to attach, to hit
aplicar / 적용하다, 붙이다, 바르다　aplicación / 적용, 수속
» Debes **pegar** la estampilla al sobre.
우표를 봉투에 붙여야 한다.

peinar   tr   빗질하다   to comb
peine / 빗
- Me levanté tarde en la mañana, y no pude **peinarme**.
오늘 아침 너무 늦게 일어나서 머리를 빗지 못했다.

pelear   intr   싸움하다   to fight
luchar / 싸우다
- No debes **pelear** con tu hermano.
네 동생과 싸우면 안된다.

película   f   영화   movie
teatro / 연극, 극장
- Vamos a ver una **película**. 영화 한편 보러 가자.

peligro   m   위험   danger
peligroso,a   resgoso,a / 위험한
- Es muy **peligroso** manejar en estado de ebriedad.
음주운전은 너무 위험하다.

pelo   m   털   hair
cabello/ 머리숱
- Se me cae mucho **pelo** en estos días.
요즘 머리가 너무 많이 빠진다.

pelota   f   공   ball
balón / 공, 볼
- ¿Quieren juagar a la **pelota**? 축구하러 갈래?

peluca f 가발 wig
tintura / 염색
- ¿Esta **peluca** se ve natural, cuánto te costó?
 이 가발 매우 자연스러운데, 얼마 주고 샀어?

penar tr 벌주다 to sentence, to prison
pena / 벌, 유감
- **Penar** un delito. 범죄 징계를 하다.

pensar tr 생각하다 to think
gabinete estratégico / think tank
prudente / 사려 깊은, 신중한
- ¿En qué estás **pensando**?
 무슨 생각을 하고 있니?

peor adj 더 나쁜 worse
repeor / 훨씬 더 나쁜
- Aquello fue mi **peor** decisión.
 그것은 내 최악의 결정이었다.

pequeño/a adj 아주 작은, 어린 small, little
menudo,a / 작은
- Los teléfonos celulares de ahora son **pequeños** pero con todas las funciones necesarias.
 요즘 핸드폰들은 작지만 필요한 모든 기능들이 탑재되어 있다.

perder tr 잃어버리다, to lose, to miss
경기에 지다

perdido,a / 길을 잃은
- Estoy a punto de **perder** la materia.
과목을 낙제하기 직전이야.

perdón m 용서, 실례합니다 sorry, mercy
perdonar / 용서하다
- Juan me pidió **perdón**, pero no lo acepté.
후안은 내게 사과를 했지만 난 받아들이지 않았다.

perfecto/a adj 완벽한 perfect
impecable / 완벽한 desperfecto / 결점, 파손
- Ella sigue a la espera del hombre **perfecto**.
그녀는 아직도 완벽한 남자를 기다리고 있다.

perfume m 향수 perfume
loción / 로션
- ¿Qué **perfume** usas?
너 무슨 향수 쓰니?

periódico m 신문, 잡지 newspaper, magazine
prensa / 신문, 인쇄물 diario / 일간지, 신문
- ¿No llegó el **periódico** todavía?
신문 아직 안 왔니?

período　m　기간　　　period
plazo / 기간, 기한
- Darío está pasando un **período** difícil.
다리오는 어려운 시기를 지나고 있어.

permanecer　intr　체류하다, 머물다　to stay, to remain
permanencia / 체류
- ¿Cuánto tiempo vas a **permanecer**?
얼마나 머무를건가요?

permitir　tr　허가하다　　　to permit, to allow
permiso / 허가, 허락
- No sé cómo **permites** que hable así.
그렇게 말하도록 내버려두다니 알수가 없군.

pero　　conj　그러나, 그런데　but
a propósito / by the way
- **Pero** qué forma de llover! 근데 저 비내리는 것 좀 봐!

perseguir　tr　쫓다, 추적하다　to pursue
persecución / 추적, 박해
- El gato **persigue** al ratón. 고양이가 쥐를 쫓다.

persona　f　사람　　　person
personaje / 인물　personal / 사람의, 개인적인
personalidad / 인격, 자아
- Habías varias **personas** esperando.
몇몇 사람들이 기다리고 있었다.

pesadilla　f　악몽　　　　nightmare
modorra / 악몽　ansiedad / 불안, 초조, 조바심
◈ Su situación laboral es una **pesadilla**.
그의 근무환경은 지옥같다.

pesado/a　adj　무거운　　　heavy
pesar / 무게를 달다
◈ Esta caja es muy **pesada**. 이 박스는 매우 무겁다.

pescar　tr　낚시질하다　　to fish for
pesca / 낚시, 어업　pecera / 어항　pescador,a / 낚시꾼, 어부
◈ ¿No **pescaron** nada todavía?
아직 아무것도 낚지 못했니?

peso　　m　무게, 체중　　weight
sobrepeso / 중량초과
◈ ¿Cuánto es el **peso** total? 총무게가 어떻게 되니?

petróleo　m　석유　　　　petroleum
lubicar / 윤활유를 치다
◈ ¿Qué países producen **petróleo**?
어떤 나라들이 산유국인가요?

picante　adj　매운　　　　hot, spicy
salado,a / 짠, 짭짤한
◈ Los mexicanos disfrutan sus comidas con salsa **picante**.
멕시칸들은 그들 음식에 매운소스를 곁들여 먹는것을 즐긴다.

picar tr 찌르다, 자르다 to puncture, to split

pica / 창 espinarse / 가시에 찔리다
- Ayúdame a **picar** la cebolla. 양파 써는 것을 도와줘.

pico m 뾰쪽한 부분, 부리 pick, beak
afilado,a / 예리한, 뾰쪽한
- El **pico** de la montaña. 산 봉우리.

piedad f 신앙심 compassion, devotion

piedad / 믿음, 경건함
- La **Piedad** de Miguel Ángel es muy famosa. 미켈란젤로의 [피에타]는 매우 유명하다.

piedra f 돌 stone
roca / 바위 radrillo / 벽돌
- Las pirámides son construidas de la **piedra**. 피라미드들은 돌로 만들어졌다.

piel f 껍질, 피부 skin
cáscara / (과육의)껍질
- La **piel** está muy dura. 껍질이 너무 딱딱해.

pieza f 조각 piece
trozo / 단편, 조각
- Falta la última **pieza** del rompecabezas. 퍼즐의 마지막 조각이 남았다.

pila   f   건전지   battery
batería / 건전지, 드럼
- Se agotó la **pila**. 건전지가 다 닳았다.

píldora   f   알약   pill
pastilla / 정제알약
- Estas **píldoras** se tienen que tomar cada 8 horas.
이 약은 8시간마다 먹어야 한다.

pino   m   소나무   pine tree
carbón / 숯, 탄
- La familia Pérez estaba adornando un **pino** para navidad.
뻬레스씨네는 크리스마스 소나무를 장식하고 있다.

pintar   tr   그림그리다, 화장하다   to paint

pintura / 그림, 칠   pintor,a / 화가
- ¿Quién **pinto** este paisaje? 누가 이 풍경화를 그렸니?

pinza   f   핀세트   pincers
tenazas / 핀세트, 쪽집게
- Laura se depilaba las cejas con unas **pinzas** de depilar.
라우라는 제모용 핀셋을 이용해 눈썹을 뽑았다.

pirata　　m/f　해적판, 해적　　pirate
falsificación / 위조품
◈ Los **piratas** fueron comunes en la época de la conquista.
정복기에 해적들의 출현은 매우 빈번했다.

piscina　　f　　수영장　　　swimming pool
alberca / 수영장, 저수지
◈ Pedro está yendo a un club en el que hay una **piscina**.
뻬드로는 수영장이 있는 헬스장에 다니고 있다.

piso　　m　　층, 아파트　　floor, apartment
pisar / 밟다
◈ En la pastelería encargaron un pastel de tres **pisos**.
그들은 빵집에 3단 케이크를 주문하였다.

pistola　　f　　권총　　　pistol
arma / 무기, 군대
◈ Los niños jugaban con la **pistola** de agua.
아이들은 물총을 가지고 놀고 있었다.

pito　　m　　호루라기　　whistle
silbo / 휘파람
◈ La lavadora avisa con un **pito** el final del lavado.
세탁기는 세탁완료시 신호음을 울린다.

placa　　f　　안내판,　　　　plate,
　　　　　　　　자동차번호판　license number

lámina / 얇은 판
- El policía tomó el numero de la **placa** del vehículo infractor.
  경찰은 신호위반을 한 차량의 번호를 적었다.

plan　　m　　계획　　　　plan
esquema / 계획 planear / 계획하다
- La familia Gómez estaba haciendo **planes** para las vacaciones.
  고메스네 가족은 휴가계획을 짜고 있었다.

planchar　tr　　다리미질하다　to iron
plancha / 다리미
- ¿Qué prendas quieres que te **planche**?
  어떤 옷들을 다림질하여 줄까?

planeta　　m　　행성　　　　planet
satélite / 위성 tierra / 지구, 땅, 흙
hemisphere / 반구 continente / 대륙
- En el sistema solar hay 9 **planetas** y la Tierra es uno de ellos.
  은하계는 9개의 행성으로 구성되어 있고, 지구는 그 중 하나이다.

plano/a   adj   평평한, 평면의   flat
llano,a / 평평한

- La mesa y el florero están en el primer **plano** de la fotografía.
  탁자와 꽃병은 사진의 평면을 장식하였다.

plantar   tr   (식물)을 심다   to plant
planta / 식물   tierra / 지구, 땅, 흙

- Se **plantó** una semilla en el tierra.
  땅에 씨앗을 심었다.

plata   f   은   silver
bronce / 동, 브론즈

- Mi novio me regaló un anillo de **plata** por nuestro aniversario.
  내 남자친구는 우리 기념일에 은반지를 선물해 주었다.

plato   m   접시, 요리   plate, dish
platillo / 작은접시   cuenco / 대접, 보울
bol / bowl   bandeja / 접시

- ¿Cuál es el **plato** principal de hoy?
  오늘의 메인요리는 무엇입니까?

playa   f   해변   beach
costa / 해안

- Vayamos a la **playa** en estas vacaciones!
  이번 휴가에 바닷가에 가자!

pleito m 소송 lawsuit
litigio / 소송 litigar / 소송하다
◈ Mis amigos tuvieron un **pleito**.
내 친구들은 소송 건에 휘말렸다.

pluma f 펜, 깃 pen, feather
lapicero / 샤프펜슬
◈ Al abuelo de Marcos le regalaron una **pluma** de oro por su jubilación.
마르코스네 할아버지에겐 그의 정년퇴직 선물로 황금만년필을 선물하였다.

población f 인구 population
censo / 인구조사 쎈서스
◈ ¿Cuánta **población** tiene México?
멕시코는 인구수가 얼마나 되죠?

pobre adj 가난한 poor
miseria / 곤궁, 가난 escaso / 많이 부족한, 결핍의
◈ En el mundo aumenta el número de **pobres**.
세계엔 가난한 자의 수가 늘어나고 있다.

poco/a adj 아주 적은, 소량의 little, few
poquito,a / 아주 적은 a poco / 조금씩 조금씩
◈ Habla rápido que tengo **poco** tiempo.
시간이 없으니 빨리 좀 말하렴.

poder　　tr/m　~ 할 수 있다, 힘　can, be able to, power

por poder / 대신해서
- ¿**Puedes** hacerme este favor? 내 부탁 하나만 들어 줄래?

podrido/a　adj　썩은　　　rotten
pudrirse / 썩다, 부패하다　corrupción / 부패
- Se **pudrió** la leche que estaba en el refrigerador.
  냉장고에 있던 우유가 상했다.

poema　m　시　　　poem
poeta / 시인　ensayo / 수필
- Samanta le gusta leer **poemas**.
  사만따는 시를 읽는 것을 좋아한다.

policía　f　경찰　　　police
comisaría / 경찰서
- El **policía** multó un automóvil que estaba mal estacionado.
  경찰은 잘못 주차되어 있는 차에 벌금을 물렸다.

político/a　adj/ 정치적인,　political,
　　　　　　　m/f　정치가　　politician
estadista / 정치인, 통계학자
- No me interesa la **política**. 난 정치에 관심이 없다.

polo m 지구의 pole
polo norte / 북극
- En el **polo** Norte podrás ver la aurora boreal.
  북극에서는 오로라를 관찰할 수 있다.

polvo m 먼지 dust
harina / 가루 aspirador de polvo / 청소기
- Hay mucho **polvo** en el piso. 바닥에 먼지가 많다.

poner tr 놓다, 두다 to put
ponerse / 옷을 입다 colocar / 놓다, 두다, 배치하다
- ¿Qué te **pondrás** para esta noche?
  오늘 밤에 무엇을 입을거니?

por prep ~으로, for, by
~에 의해서

mediante / ~을 통하여
- **Por** supuesto que quiero! 당연히 원하지!

porciento m 퍼센트 percent
porcentaje / 퍼센티지
- Tengo el 30 **porciento** de la ganancia.
  난 이익의 30%를 배당받는다.

por qué m (이유)로써의 왜 reason
porque / ~때문에(because)
- ¿**Por qué** te fuiste tan temprano?
  왜 그리 일찍 들어간거니?

portada f 현관, 대문, 표지 portal, book cover

portal / 현관, 정문
◈ Madonna apareció en la **portada** de la revista de junio.
6월 잡지 표지에 마돈나가 실렸다.

portátil adj 휴대용의 portable
cocina de gas portátil / 휴대용 가스레인지
◈ ¿Usted tiene t.v **portátil** en su casa?
너네 집에 휴대용 티브이는 있지?

posible adj 가능한 possible
imposible / 불가능한
◈ Es **posible** que venga Lucas a casa más tarde.
나중에 루카스가 집에 올 수도 있다.

posición f 위치 position
ubicación / 위치
◈ ¿Quién cambió de **posición** el sofá?
누가 쇼파의 위치를 바꾼거니?

positivo/a adj 긍정적인 positive
afirmativo,a / 긍정적인 negativo,a / 부정적인, 소극적인
◈ Su carácter **positivo** alegra el ambiente.
그의 긍정적인 성격이 주위를 기쁘게 만든다.

postal   adj/f   우편의, 엽서   postal, postcard

sello / 우표, 도장   estampilla / 우표, 도장
- Le envié una tarjeta **postal** de Lima.
  나는 리마에서 그녀에게 엽서를 한장 보냈다.

potencial   m   잠재력   potential

potencia / 힘, 능력, 국력
- Esteban mostró todo su **potencial**.
  에스떼반은 그의 모든 잠재력을 보여주었다.

practicar   tr   연습하다   to practice

práctica / 연습, 실행
- Los chicos **practicaban** por el campeonato del sábado.
  남자아이들은 토요일의 경기를 위해 연습을 했다.

precaución   f   조심, 주의   caution

cuidado / 조심, 주의
- Tienes que tener mucha **precaución** cuando conduces bajo la lluvia.
  비가 올때 운전하려면 매우 조심해야 한다.

precio   m   값, 가격   price

precioso,a / 귀중한, 값비싼
- ¿Éste es el **precio**? 이게 가격입니까?

preferir　tr　더 좋아하다　to prefer
más gustar / 더 좋아하다
- **Prefiero** estar parada que estar sentada.
  앉아 있는것보다는 차라리 서 있는 것이 좋다.

preguntar　tr　질문하다　to ask
pregunta / 질문　consulta / 질문
- ¿Te puedo **preguntar** algo? 뭐하나 물어봐도 됩니까?

prejuicio　m　편견, 선입견　prejudice
obsesión / 강박관념
- No debemos tener **prejuicios** acerca de la gente.
  우린 사람들에게 편견을 가져선 안된다.

premio　m　상, 프리미엄　prize, premium
galardón / 포상　condecoración / 표창
- Carlos se ganó el **premio** al mejor estudiante.
  까를로스는 우수학생상을 수상했다.

prenda　f　의류, 옷　cloth
indumentaria / 의류, 의상　paño / 의복, 의류
- Le regaló una **prenda** por su cumpleaños.
  그의 생일에 옷을 선물하였다.

preocupar　tr　걱정시키다　to worry
preocupación / 걱정, 우려, 선입견　preocupado / 걱정하는
- Me **preocupa** que no haya llegado todavía.
  그가 아직 도착하지 않아 걱정이다.

preparar tr 준비하다 to prepare

preparado,a / 준비 된 equipar / 공급하다
reserva / 예비, 준비
- Laura está **preparando** para el examen de ingreso.
라우라는 입학시험을 준비하고 있다.

presentar tr 소개하다, to introduce,
제출하다 to present

presente / 출석, 선물 presentación / 제출, 소개
- Te **presento** a mi madre. 우리 엄마를 소개할게.

presidente m/f 대통령 president
vicepresidente / 부통령
- ¿A quién votaste para **presidente**?
대통령으로 누굴 뽑았니?

presión f 압력, pressure
(정신적인)압박

físico,a / 신체적인, 피지컬의 psicológico,a / 심리적인
- La **presión** de sus padres era excesiva.
그의 부모님의 압력은 너무 과했다.

prestar tr 빌려주다, to borrow,
꾸어주다 to lend, to loan

préstamo / 대여, 대부
- ¿Me **prestas** un lapicero? 볼펜을 하나 빌려주겠니?

presupuesto m 예산 budget
desembolso / 지출, 지불 por supuesto / of course
- Con su **presupuesto** mensual no puede permitirse lujos.
그의 월별 지출 예산으로는 사치를 할 수 없었다.

prevenir tr 예방하다 to prevent
previsión / 예견, 선견지명
- Le **previno** de la presencia de la policía.
경찰이 도착하여 사태를 예방할 수 있었다.

previo/a adj 사전의, 앞선 previous, former
anticipar / 미리하다, 앞서하다
anterior / 앞선, 전의 previsto,a / 예정된
- Podemos comparar con experiencias **previas**.
사전경험으로 비교를 할 수가 있다.

principiante m/f 초보자 beginner
novato,a / 초보자
- Este chico es solo un **principiante**.
이 아이는 초보자일 뿐이다.

principio m 시작, 원칙 beginning
comienzo / 시작 primario,a / 최초의
escuela primaria / 초등학교
- Este es el **principio** de una linda relación.
이것은 아름다운 관계의 시작이다.

prisa　　f　　급함, 바쁨　　hurry, urgency
aguijar / 독촉하다　apuro / 재촉, 곤궁
◈ Date **prisa** que no vamos a llegar.
도착할 수 없을테니 서둘러라.

privado/a　adj　개인의, 사적인　private
público,a / 공공의
◈ Hicieron un pase **privado** de la película.
그들은 영화를 몰래 상영했다.

probable　adj　있음직한　　probable
improbable / 있을 법 하지 않은
◈ Es **probable** que nieve este fin de semana.
이번 주말에 눈이 올 확률이 높다.

probar　　tr　　먹어보다, 테스트해보다　　to eat, to test

probación / 시험, 증거
◈ Yo que tú, no **probaría** eso.
내가 너라면 이걸 맛보지 않을텐데.

problema　m　문제, 안 좋은 일　problem
cosa mala / 안 좋은 일
◈ ¿Cuál es tu **problema**? 무엇이 문제이니?

proceso　m　과정　　　　process
curso / 과정　procedimiento / 순서, 수속
- No importa el resultado, sino el **proceso**.
결과가 중요한 것이 아니라, 과정이 중요하다.

producir　tr　생산하다　　　to produce
producto / 생산품　producción / 생산
- No **producimos** la bolsa de plástico por más tiempo.
우리는 더 이상 플라스틱 백(비닐)을 생산하지 않는다.

profesión　f　직업　　　　profession
oficio / 직업, 일
- Cuál es tu **profesión**? 너의 직업이 무엇이니?

profesor/a　m/f　교수, 교사　　teacher
maestro,a / 선생님, 교수　pasante / 교수
- La **profesora** me pidió que traiga esto.
교수님이 이것을 가져다 달라고 했습니다.

profundo/a　adj　깊은　　　　deep
hondo,a / 심오한
- Este pozo está muy **profundo**. 이 우물은 매우 깊다.

progresar　intr　진보하다　　to progress
progreso / 진보　retroceso / 철수, 후퇴
- A medida que voy aprobando las materias, siento que estoy **progresando**.
과목을 합격할 때마다 난 진보하는 기분이 든다.

prohibir tr 금지하다 to prohibit
prohibido,a / 금지된 vedar / 금하다
- Está **prohibido** fumar dentro de los lugares cerrados.
  폐쇄된 장소에서는 금연이다.

promedio m 평균 average
media / 평균
- Se necesita un **promedio** de 7 para pasar de año.
  일년 과정을 합격하려면 평균 7점이 넘어야 한다.

promesa f 약속 promise
prometer / 약속하다 prometido,a / 약혼자, 피앙세
- Te **prometo** que no lo vuelvo hacer.
  이 일을 되풀이 하지 않을거라 맹세해.

pronosticar tr 예상하다, 예보하다 to predict, to forecast
pronóstico / 예측, 예상
- **Pronosticaron** lluvia este martes.
  이번 화요일에 비가 예보되었다.

pronto/a adj 빠른, 곧 quickly, soon
/adv speedy
veloz / 빠른, 신속한
- Vuelvo **pronto**. 곧 돌아올게요.

pronunciar tr 발음하다 to pronounce
pronunciación / 발음
- Darío le resulta imposible **pronunciar** la elle.
다리오는 에예 발음하기가 불가능하다.

propiedad f 소유권, 부동산 possession, property
bienes inmuebles / real estate inmobiliario,a / 부동산의
posesión / 소유, 취득 corredor,a / 중개인, 브로커
- Con las escrituras se demostró que la finca era de su **propiedad**.
서류상 이 토지는 그의 소유라는 것이 증명되었다.

propina f 팁 tip
consejo / 팁(충고로써의)
- Le dejamos el 10% como **propina**. 팁으로 10%를 남겼다.

propio/a adj 고유의 own
peculiar / 고유한, 독특한
- Fabián dispone de coche **propio**.
파비안은 자가용이 있다.

proponer tr 신청하다, 제안하다 to propose, to suggest
sugerir / 제안하다
- **Propongo** un principio temprano.
난 일찍 시작할 것을 제안했다.

proporción f　　조화, 비례　　　　proportion, ratio

concordancia / 일치, 조화
- Ella no era alta, pero estaba bien **proporcionada**.
  그녀는 키가 크지는 않았지만, 몸매 비율이 좋았다.

propósito　m　　목적, 의　　　　purpose
intención / 의도, 의지　intento / 의지
- ¿Cuál es tu **propósito** en la vida?
  네 인생의 목적은 무엇이니?

propuesta　f　　제안, 견적　　　　proposal
proposición / 제안, 건의
- Esta es mi última **propuesta**.
  이것은 나의 마지막 제안입니다.

protagonista　m/f　　주인공, 주연　　　　protagonist
héroe / 히어로　heroína / 헤로인　actor, actriz / 배우, 여배우
argumento / 줄거리　espectador / 관객
- Ella se sentía como la **protagonista** de la película.
  그녀는 영화의 주인공이 된 느낌이었다.

proteger　tr　　보호하다　　　　to protect
protección / 보호, 옹호　amparar / 보호하다, 지켜주다
- Debo **protegerme** de aquel hombre.
  난 저 남자에게서 날 보호해야 한다.

provecho　m　이익　　　　　benefit
beneficio / 이익　Buen provecho! / 많이 드세요!
◈ Él no hace nada si no es para sacar **provecho**.
그는 이익을 얻지 않으면 아무 일도 하지 않는다.

provisional　adj　일시적인, 임시의　provisional
temporal / 임시의
◈ Le hicieron un arreglo **provisional**.
임시조치를 취해 주었다.

próximo/a　adj　가까운, 다음의　　near, next
siguiente / 다음의
◈ La **próxima** semana hay una reunión.
다음주에 회의가 있다.

proyecto　m　계획, 기획　　　project, plan
proyectar / 계획하다, 상영하다
◈ El **proyecto** ha de ser aprobado por el ministerio.
이 제안은 위원회에서 승인이 되어야 한다.

prueba　f　증거, 시험　　　　proof
evidencia / 증거
◈ **Pruébate** los pantalones para ver el largo.
길이를 확인할 수 있도록 이 바지를 입어 보아라.

publicación f 출판 publication
publicar / 책을내다, 발표하다, 공표하다
- La **publicación** del séptimo libro de la serie de Harry Potter fue muy esperado por los fanáticos.
해리포터 시리즈의 7번째 책의 출판은 팬들에 의해 많이 기대되었다.

publicar tr 출판하다, 공표하다 to publish
casa editorial / 출판사
- Carmen ha conseguido que una editorial le **publique** se primera novela.
까르멘은 한 출판사가 그녀의 첫 소설을 펴내자는 것을 받아냈다.

público adj/m 공공의, 대중 public
transporte público / 대중교통
- El gobierno procederá a la privatización de algunas empresas **públicas**.
정부는 몇몇 기업의 공유화 조치에 들어갈 것이다.

pudrirse tr 썩다 to rot, to decay
descomposición / 부패, 붕괴, 분해 decaer / 쇠하다
- La fruta tiene tendencia para **pudrirse** rápidamente en verano.
여름에는 과일이 빨리 썩는 경향이 있다.

pueblo　m　　소도시, 국민　　　　village, people
aldea / 시골마을　provincia / 지방
◈ Las nuevas leyes no han sido muy bien aceptadas por el **pueblo**.
신규 법안은 국민들에게 좋은 반응을 얻지 못했다.

puente　m　　다리, 교량　　　　bridge
paso elevado / 고가도로
◈ Es una pena que todavía haya gente viviendo bajo **puentes**.
아직까지도 다리 밑에서 사람이 살고 있다는 것이 안타깝다.

puerta　f　　문　　　　　　　door, gate
vestíbulo / 호텔로비, 입구　portillo / 작은 문, 작은 구멍
picaporte / 문 손잡이
◈ ¿Quién esta detrás de la **puerta**? 문 뒤에 누가 있니?

puerto　m　　항구(도시)　　　　port, harbor
malecón / 방파제, 둑
◈ ¿Dónde está el **puerto** más cerca?
가까운 항구가 어디죠?

pues　　conj　그러니까, 왜냐하면　well, then
entonces / 그러니까, 그 당시　o sea / 근데, 그러니까
◈ Así **pues**. 그러니까(so).

punto m 점, 요점 dot, point
coma / 점 punta / ~의 끝부분 puntual / 거의 정각에
◈ Gonzalo ha obtenido siete **puntos** sobre diez en el examen.
곤살로는 시험에 10점 만점에 7점을 얻었다.

puro/a adj 순수한, 깨끗한 pure
neto,a / 순수한 verídico,a / 진실의, 성실한 pureza / 순수
◈ Este trago es **puro** alcohol.
이 음료수는 순 알코올이다.

que　　　pron (관계대명사)　　that
qué / 무엇, 어떤　¿Qué es eso? / What is that?
- Tú sabes lo que quiero hablar!
  내가 무얼 말하려고 하는지 알고 있네!
- ¿A **qué** vienes? 뭐하러 왔니?

quebrar　　tr　　부수다, 깨다　　to break
romperse / 깨지다, 부서지다
- Se **quebró** la ventana. 창문이 깨졌다.

quedar　　intr　있다, 남다,　　to stay, to remain,
　　　　　　　　　약속하다　　　to promise
permanecer / 체류하다, 머물다
- ¿Te **quedaste** a trabajar hasta tarde?
  늦게까지 일하러 남아 있었니?

quejarse　　tr　　불평하다,　　to complain
　　　　　　　　　투덜대다
queja / 불평　crítico,a / 비평의, 비평가
acusar / 책망하다, 비난하다
- Susana se **queja** de su trabajo todo el día.
  수사나는 그녀의 일에 대해 하루 종일 불평한다.

quemar　　tr　　(불로) 굽다, 태우다　　to burn
tostar / 굽다, 태우다　quema / 소각, 화재
🔸 Se me **quemó** la comida. 음식을 태워버리고 말았다.

querer　　tr　　좋아하다, 원하다　　to want
desear / 원하다, 바라다
🔸 Te **quiero** mucho. 널 많이 좋아해.

querido/a　adj　친애하는, 사랑하는　dear
querido / 정부, 애인　querida / 첩, 정부
🔸 **Querido** amigo, 친애하는 친구에게,

quien　　pron　　(관계대명사)　　who, that
quién / 누구, (어떤)사람
🔸 Fue Manuel **quien** me dio el rumor.
　소문을 나에게 말해준 사람은 마누엘이었다.

quitar　　tr　　떼어내다, 없애다　　to remove
quitarse / 옷을 벗다　sacar / 뽑다, 밖으로 내다
suprimir / 없애다, 폐지하다
🔸 Puedes **quitarte** el abrigo. 외투를 벗어도 돼.

quizá(s)　adj　아마　　perhaps, maybe
tal vez, acaso / 아마, 혹시
🔸 **Quizá** algún día te pueda ver.
　언젠가는 널 볼 수 있겠지.

racista　m/f　인종주의자　racist
racial / 인종, 민족의　raza / 인종, 민족, 품종
etnografico / 인종의
◦▶ No aguanto a los **racistas**.
난 인종차별자들을 견디지 못하겠다.

raíz　f　뿌리　root
tallo / 줄기, 싹　origen / 근원, 기원
◦▶ Algunas **raíces** son comestibles.
몇몇 종류의 뿌리는 먹을 수가 있다.

rama　f　나무의 가지　branch
sucursal / 지점, 브랜치　sede / 본점
◦▶ Colgaron un columpio de las **ramas** del árbol.
나뭇가지에 그네를 걸었다.

rápido/a　adj　빠른　fast, quick
presto,a / 재빠른, 신속하게　veloz / 빠른
◦▶ ¿Puedes vestirte más **rápido**?
좀 더 빨리 옷을 입을 수 없겠니?

raro/a adj 드문, 희소한 rare
excepcional / 예외적인, 드문
- Pablo y Martín coinciden en **raras** ocasiones.
  빠블로와 마르띤은 의견을 일치시키는 경우가 매우 드물다.

rascar tr 긁다, 할퀴다 to scratch
arañar / 긁다, 할퀴다
- Carlos se **rasca** la cabeza cada vez que está indeciso.
  까를로스는 결정하기 힘이 들 때마다 머리를 긁는다.

rato m 잠깐 while, moment
momento / 순간
- Al **rato** te voy a buscar.
  잠시 후에 찾으러 갈거다.

raya f 선, 금 line, stripe
lista / 선, 줄
- No debes sobrepasar la **raya** de su confianza.
  네가 편하다고 선을 넘어서면 안된다.

rayo m 천둥, 광선 lightning, ray
rayo directo / 직사광선   rayas ultravioletas / 자외선
- La tormenta vino acompañada de **rayos** y truenos.
  폭풍은 천둥과 번개를 몰고왔다.

razón f 이유, 이성 reason
causa / 이유, 원인
- El uso de la **razón** diferencia al hombre del resto de los animales.
이성은 인간을 기타 동물들과 구분짓게 만든다.

razonable adj 합리적인, 타당한 reasonable
absurdo,a / 불합리한, 모순적인
- Ramón recibe un sueldo **razonable** por su trabajo.
라몬은 직장에서 그의 일에 합당한 급여를 받는다.

real adj 국왕의, 실제의 royal, real
verdadero / 진짜의, 사실의 fiel / 정확한, 확실한
- ¿Es **real** lo que está pasando?
지금 일어나고 있는 일이 사실입니까?

realizar tr 실현하다 to achieve
realidad / 사실, 진실, 현실
- Dalma ha conseguido **realizarse** profesionalmente.
달마는 전문인으로서 스스로 실현할 수 있었다.

rebelarse tr 반항하다 to rebel
rebelión / 반란, 모반
- Se dice que al no ver la televisión se está **rebelando** contra la manipulación publicitaria.
TV를 보지 않는 것은 상업적 상술에 반항하는 일이라고 한다.

recámara f 방, 침실 bedroom
dormitorio / 방
- Jorge se retiró a descansar a su **recámara**.
호르헤는 자기 방으로 쉬러 들어갔다.

recibir tr 받다, 수취하다 to receive
percibir / 받다
- Iremos a **recibirte** al aeropuerto.
우리가 널 공항에 맞으러 가겠다.

recibo m 영수증 receipt, bill
factura / 인보이스 cuenta / 영수증
- Todavía no me llegó el **recibo** de la luz.
아직 전기 영수증이 도착하지 않았다.

reciente adj 최근의 recent, lately
últimamente / 최근에, 결국
- Fue algo **reciente** la tragedia que pasó.
비극은 아주 최근에 일어난 일이었다.

reclamación m 불평 complaint, claim
reclamar / 클레임하다 queja / 불평
- Los obreros presentaron una **reclamación** por el mal trato recibido.
노동자들은 부당안 대우로 항의서를 제출했다.

recobrar tr 회복하다, 되찾다 to recover
recuperar / 되찾다
➠ Ana **recobró** las energías luego de una siesta.
아나는 낮잠 후에 원기를 회복하였다.

recoger tr 줍다, 수확하다, to pick up,
픽업하다 to harvest

cosecha / 수확
➠ Juan **recogió** los restos del jarrón roto.
후안은 깨진 항아리의 잔재를 주웠다.

recomendar tr 추천하다, to recommend,
제안하다 to suggest

recomendación / 추천, 권고
➠ Te **recomiendo** este lugar. 이 장소를 너에게 추천할게.

recordar tr 기억하다 to remember
récord / 기록
➠ ¿**Recuerdas** lo que hicimos la semana pasada?
지난 주에 우리가 한 일을 기억하니?

recorrer tr 여행(투어)하다 to travel,
한 바퀴 둘러보다 to look around

viajar / 여행하다
➠ **Recorrió** la habitación con la mirada.
그는 방을 들어보았다.

264

recto/a　　adj　　똑바른, 쭉　　　　straight
derecho,a / 똑바른
- Vaya **recto** por este camino.
  이 길로 똑바로 가시오.

recuerdo　m　　추억, 회상　　　memories
memoria / 기억, 회상
- Apenas guardo **recuerdos** de mi infancia.
  나는 나의 어린 시절의 기억을 간신히 간직하고 있다.

recuperar　tr　　회복하다　　　　to recover
recuperación / 회복 recobrar / 회복하다
- Gabriela se **recuperó** pronto del desmayo.
  가브리엘라는 기절한 후 금방 회복할 수 있었다.

recurso　　m　　수단, 자원, 항소　means,
　　　　　　　　　　　　　　　　　　resources, appeal
recursos humanos / 인간자원
petróleo / 석유 recurrir / 항소하다
- Se interpondrá un **recurso** contra la sentencia.
  그 판결에 대하여 항소가 이루어질 것이다

rechazar　tr　　거절하다　　　to refuse, to reject
negarse / 거절하다
- Él tuvo que **rechazarlo**.
  그는 그것을 거절했어야했다.

red f 그물, 망 net
rejilla / 격자망, 쇠그물
◈ ¿Qué empresa de telecomunicaciones tiene mayor **red** en el país?
어떤 통신회사가 국내에서 가장 큰 통신망을 가지고 있나요?

redondo/a adj 둥근, 왕복표 round
círculo / 원, 범위
◈ Viaje **redondo** y viaje sencillo. 왕복표와 편도.

reducir tr 축소하다, 줄이다 to reduce
reducción / 감소 disminuir / 축소하다, 줄이다
abreviar / 간추리다, 요약하다 mengua / 감소, 부족
◈ Tengo que **reducir** el talle de la cintura.
난 허리 사이즈를 줄여야 한다.

reembolsar tr 환불하다 to refund
reembolso / 상환, 상각
◈ Me hicieron un **reembolso** al devolver el jean en la tienda.
가게에서 바지를 환불하였다.

reemplazar tr 대신하다, 교환하다 to replace
sustituir, substituir / 대신하다, 대체하다
◈ El director **reemplazó** al maestro de Historia.
교장선생님이 역사 선생님을 대신하였다.

referencia f 참고, 이야기 reference
referir / 말하다, 아야기하다
· Me dieron el número de **referencia**.
참고번호를 알려주었다.

reforma f 개혁 reform
renovación / 갱신, 쇄신
· ¿Sabes cuándo fue la **reforma** social?
사회 개혁이 언제였는지 아니?

refresco m 음료수 cool drink, soda
bebida / 마실것
· Te invito un **refresco**. 음료수 하나 사줄게.

refrigerador m 냉장고 refrigerator
nevera / 냉장실, 냉각고
· Andrés tiene un nuevo **refrigerador**.
안드레스는 새 냉장고를 구했다.

refuerzo m 강화, 보강 reinforcement
reforzar / 더욱 강화하다
· Debemos **reforzar** la seguridad de la ciudad.
우리는 도시치안을 강화해야 한다.

regalo m 선물 gift, present
don / 선물
· Luis le hizo un **regalo** a su novia por su cumpleaños.
루이스는 여자친구에게 기념일 선물을 하였다.

registrar　　tr　　등록하다, 수색하다　　to register
registro / 검사, 기록　inscribir / 새기다, 등록하다
grabación / 녹음
◦▶ **Registraron** los equipajes en la aduana.
　세관에서 짐을 검사하였다.

regla　　f　　법칙, 자　　　　law, ruler
ley / 법, 법률　metro / 자　escuadra / 쇠자, 자
◦▶ Ella traza las líneas bien rectas, aún sin **regla**.
　그녀는 자가 없어도 선을 똑바로 긋는다.

regresar　　intr　　되돌아가다　　to return
volver / 돌리다, 돌려주다, 돌아오다　devolución / 반납, 반품
◦▶ **Regresó** a su pueblo natal después de 20 años.
　그는 20년만에 고향으로 돌아갔다.

regula　　m　　보통, 일반적인　　regular, normal
irregular / 불규칙한, 변칙의
◦▶ Por lo **regular** no va a comer a casa.
　그는 통상적으로 집에서 밥을 먹지 않는다.

reina　　f　　여왕　　　　queen
reinar / 통치하다, 다스리다
◦▶ Ella es tratada como **reina** en su casa.
　그녀는 집에서 여왕처럼 대접받는다.

reír intr 웃다 to laugh
risa / 웃음 sonreir / 미소짓다
◈ No te **rías**, que estoy hablando en serio.
난 심각하게 이야기 하고 있으니 웃지마.

relación f 관계 relationship
respecto / 관계, 관련 nexo / 연결, 관계
relacionado,a / 연관된 enlace / 연락, 연결
◈ Solo tienen **relaciones** del trabajo.
그들은 사내 관계만 유지한다.

relajarse tr 늦추다, to relax
편하게 지내다

descanso / 휴식
◈ Samanta se **relaja** escuchando música.
사만따는 음악을 들으며 휴식을 취한다.

relámpago m 번개 lightning
trueno / 천둥, 우뢰
◈ Durante la tormenta hubo muchos **relámpagos**.
폭풍시에 번개가 많이 쳤다.

religion f 종교 religion
creencia / 신념, 신앙 fe / 믿음
◈ Hoy en día hay muchas **religiones**.
오늘날엔 종교가 참 많다.

reloj　　m　시계　　　　　　clock, watch

cronómetro / stopwatch

◈ Fabián nunca se retrasa ni un minuto, es como un **reloj**.
파비안은 시계와 같이 일분도 지각하는 법이 없다.

remedio　　m　치료　　　　　　remedy

remediar / 치료하다, 피하다　tratamiento / 치료법

◈ En aquellos momentos tan difíciles, sus amigos fueron el mejor **remedio** para ella.
그 힘든 시기에 그녀에겐 친구들이 약이었다.

remitir　　tr　보내다, 발송하다　　to send

enviar / 보내다, 발송하다

◈ Él **remitió** una carta a su padre.
그는 아버지에게 편지를 발송했다.

remoto/a　　adj　멀리 떨어진　　remote, far away

lejano,a / 먼, 아득한

◈ Yo buscaba el **remoto**(mando a distancia).
나 리모컨 찾고 있었잖아.

renunciar　　tr　포기하다, 단념하다, 사직하다　　to give up

dimitir / 그만두다, 사직하다

◈ Germán **renunció** a su cargo.
헤르만은 그의 직위를 사직했다.

reparar　　tr　수리하다　　　　　　　to repair

reparación / 수리　arreglar / 수리하다, 정리정돈 하다
- Tatiana mandó **reparar** su automóvil.
  따띠아나는 차 수리를 보냈다.

repartir　　tr　분배하다　　　　　　to share out

reparto / 분배, 할당, 배달
- Los turistas se **repartieron** por todo el edificio.
  관광객들은 모든 건물 안으로 뿔뿔이 흩어졌다.

repente　　m　갑자기　　　　　　　suddenly

de repente, de improviso / 갑자기
- Sergio salió de **repente** sin despedirse.
  세르히오는 갑자기 인사도 않고 나가버렸다.

repetir　　tr　되풀이하다, 반복하다　to repeat

repetición / 반복　reiterar / 반복하다
- Luis **repite** mucho las cosas que dice.
  루이스는 한 말을 계속 반복한다.

representar tr　나타내다, 표현하다,　to represent,
　　　　　　　　소개하다　　　　　　to perform,
　　　　　　　　　　　　　　　　　　to introduce

representación / 표현, 대표, 공연　representante / 대리인
- Ji-sung Park **presenta** al fútbol Coreano.
  박지성은 한국 축구를 상징한다.

reservación f 예약 reservation
reservar / 예약하다   reserva / 보류, 예비
◈ En este lugar se ingresa únicamente con **reservación**.
이 장소는 예약을 해야만 입장할 수 있다.

residencia f 거주, 주소, 기숙사 residence, school home
residencia de estudiantes / 기숙사   dormitorio / 기숙사, 침실
◈ Cristina tiene una **residencia** en el centro de la ciudad.
크리스티나는 시내에 집이 있다.

resistencia f 반항, 저항 resistance
resistir / 반항하다, 참고 견디다
◈ El ladrón no mostró **resistencia** a la policía.
도둑은 경찰 앞에 저항을 하지 않았다.

resolución f 결심, 각오 resolution, decision
분해
desición, determinación / 결정, 결심
◈ La **resolución** de imagen indica cuánto detalle puede observarse en una imagen.
이미지의 화소수는 이미지에서 얼마나 많은 디테일을 볼 수 있는지를 의미한다.

resolver tr 해결하다, 결심하다 to resolve
solucionar / 해결하다
◈ ¿Puedes **resolver** este problema?
이 문제를 해결할 수 있니?

respeto m 존경, 존중 respect
respetar / 존경하다 estimar / 존경하다
estimado,a / 존경하는 consideración / 고려, 경의
- **Respeto** a mi profesor muchísimo.
난 우리 선생님을 대단히 존경해.

respirar intr 숨을 쉬다 to breathe
aliento, respiración / 호흡
- Javier ha ido al médico porque **respira** con dificultad.
하비엘은 숨 쉬는데 힘이 들어 병원에 갔다.

responder tr 응답하다 to answer
contestar / 응답하다
- Carmen envió varias cartas a Francisco y todavía no ha **respondido** con ninguna.
까르멘은 몇 통의 편지를 프란시스코에게 보냈지만, 그는 아직 한통도 회신하지 못했다.

responsabilidad f 책임 responsibility
responder / 대답하다, 책임을 다하다 responsable / 책임있는
- Él es muy **responsable** en lo que hace.
그는 그가 하는 일에 책임감이 강하다.

respuesta f 대답, 회답 answer, reply
contestación / 대답, 응답
- Recibió una **respuesta** negativa.
그는 부정적인 답변을 들었다.

resto m 나머지, 잔금 rest
restar / 빼다, 감하다
- Ya he llamado a María y Pedro, llama tú al **resto** de nuestros amigos.
  내가 마리아와 뻬드로에게 전화했으니, 네가 나머지 친구들에게 전화좀 해줘.

resultado m 결과 result
efecto / 결과, 결론
- Hilda esperaba con ansia los **resultados** del examen.
  일다는 시험결과를 초조히 기다렸다.

resumir tr 요약하다 to sum up
resumen / 요약, 개요
- Tengo que **resumir** este texto de 50 páginas.
  이 책을 50장으로 요약해야 한다.

retirar tr 제거하다 to remove
retirarse / 은퇴하다 jubilarse / 은퇴하다
retiro / 은퇴
- Ella **retiró** las cortinas para que entre luz.
  그녀는 빛이 들어오도록 커튼을 걷었다.

retorno m 복귀, 회전교차로 return
regreso / 돌아옴, 귀환
- Ellos emprendieron el viaje de **retorno** a su país.
  그들은 모국으로 돌아갈 여행길에 올랐다.

reunión f 회의, 미팅 meeting
convocar / 소집하다 mítin / 미팅, 회의
reunirse / 만나다 reunir / 모으다
conferencia / 회의 sesión / 회의 junta / 집회, 회의
⋯▶ ¿A qué hora comienza la **reunión**?
회의가 몇 시에 시작하니?

revés m 속, 안쪽 inside, wrong side
reverso / 안쪽 dorso / 이면
⋯▶ Al **revés**. 반대로

revisar tr 재검토하다, 다시보다 to check up again

examen / 조사, 검사, 검열
⋯▶ Vamos a **revisar** juntas si es que hay algún error.
실수가 있는지 함께 검토하여 보자.

revista f 잡지, 재검사 magazine
reportero,a / 리포터, 기자
⋯▶ Ella solo lee **revistas** de economía.
그녀는 경제잡지만 읽는다.

revolver intr 되돌아가다, 휘젓다 to turn
to mix up

revuelta / 혼란, 역전, 소란
⋯▶ **Revuelve** bien la papilla para que no queden grumos.
죽이 뭉치지 않게 잘 저어라.

revuelto/a   adj   뒤집어진,   mixed up
　　　　　　　　　　혼란한

complejo,a / 복잡한
- ¿Te gusta el huevo **revuelto**? 스크램블 에그 좋아해?

rey   m   국왕   king
monarca / 국왕 principe / 왕자
princesa / 공주 esclavo / 노예
- Jorge es el **rey** de la pista de baile.
  호르헤는 무대 위의 왕이다.

rezar   tr   기도를 드리다   to pray
orar / 하나님께 기도하다 rezo / 기도
- El muchacho **reza** cada noche el padrenuestro.
  아이는 매일 저녁에 주기도문을 외운다.

rico/a   adj   부유한, 맛있는   tasty, rich, wealthy
sabroso,a / 맛좋은 adinerado,a / 부유한 noble / 고상한
- ¿Está **rica** la comida? 음식이 맛이 있니?

riesgo   m   위험   risk
peligro / 위험
- Con este despertador no hay **riesgo** de que me quede dormida.
  이 자명종 시계로는 못 일어날 위험이 없다.

río m 강 river
dique / 댐 pantano / 저수지
- Ellos salieron a pescar al **río**.
  그들은 강에 낚시를 하러 갔다.

ritmo m 리듬, 박자 rhythm
música / 음악 cadencia / 리듬, 운율
compás / 박자, 나침반
- El corazón le late con un **ritmo** irregular.
  그의 심장은 불규칙하게 뛰었다.

rival m/f 라이벌 rival
enemigo / 적
- Eran grandes amigos, pero el trabajo los ha convertido en **rivales**.
  그들은 아주 좋은 친구들이었지만, 직장에서 그들은 라이벌이 되었다.

robar tr 훔치다 to rob
hurtar / 훔치다, 표절하다
- Le **robaron** el bolso con el método del tirón.
  잡아당기는 방법으로 그의 가방을 훔쳐갔다.

robo m 도둑질 robbery
hurto / 도둑질
- Nadie pudo impedir el **robo**.
  그 누구도 도둑질을 막을 수는 없었다.

rocío　　m　　이슬　　　　　　　dew
rocío real / 참이슬　musgo / 이끼
◈ La empapó el **rocío** que cayó a mañana temprano.
아침 일찍 내린 이슬이 그녀를 젖게 만들었다.

rogar　　tr　　빌다, 기원하다　　　to beg, to pray
ruego / 간원, 간청　petición / 간청, 소원
◈ Te lo **ruego** como así. 이렇게 간청하마.

romper　　tr　　깨다, 부수다　　　to break,
　　　　　　　　　　　　　　　　　　to smash
quebrar / 깨다, 부수다　roto,a / 깨진, 부서진
◈ El golpe **rompió** el cristal de la mesa.
충격이 상 위에 크리스탈을 깼다.

ronda　　f　　선회, 라운드　　　round
giro / 선회, 회전　redondo / 원형
◈ Quizá, se eliminará en la segunda **ronda**.
아마 두 번째 라운드에서 탈락될 꺼야.

ropa　　f　　옷, 의복　　　　　clothes
vestido / 옷, 의복, 의상　ropaje / 의류, 옷
◈ Estaba paseando por los puestos de **ropa** del mercadillo.
그는 시장의 옷매장을 둘러보았다.

rotación f 회전, 교대 rotation
rotar / 구르다, 돌다 tanda / 윤번, 교체(조)
🔊 Por la **rotación**, 순서에 의해서,

ruido m 소음, 씨끄러움 noise
estruendo / 야단법석, 소란
🔊 Había mucho **ruido** en el salón.
연회장 내부가 너무 시끄러웠다.

ruina f 도산, 유적, 폐허 monument, ruin
bancarrota / 몰락, 뱅크럽시
monumento / 기념비, 역사적인 유적
🔊 Su **ruina** fue sus continuas visitas al casino.
그의 몰락은 그의 계속된 카지노의 방문이었다.

rumbo m 방향 direction, route
dirección / 방향, 방위 nacia / ~의 쪽으로, ~무렵
🔊 El barco puso **rumbo** a las Islas Canarias.
배는 카나리아 섬으로 향했다.

rumor m 소문 rumor
chisme / 험담, 가십거리 comidilla / 소문
escándalo / 스캔들
🔊 Nos llegaron los **rumores** de su dimisión.
그의 사퇴의 루머들이 우리에게까지 들렸다.

rural　　　adj/m　　전원의, 시골사람　　rural
urbano,a / 도시의　pastoral / 시골의, 전원의
◈ Necesitas una vida **rural** para ti.
　너에겐 전원생활이 필요해.

ruta　　　f　　　　길, 계획　　　　　way, route
vía / 길, 경로, 경유
◈ Fernanda se ha marcado una **ruta** muy clara para los próximos 3 años.
　페르난다는 추후 3년간의 계획을 확실히 짜 두었다.

rutina　　　f　　　　일상　　　　　　routine
habitual / 일상적인　cotidiano,a / 일상의
◈ Compra siempre aquí por **rutina**.
　그는 늘 이곳에서 일상적으로 구매를 한다.

sábana f 이불, 시트 bed sheet
manta / 담요, 모포   colcha / 침대 시트, 이불
-◉ Carmen se compró una **sábana** para viajes.
까르멘은 여행용 이불을 구입했다.

saber tr/m 알다, 지식 to know, knowledge
conocimiento / 지식
-◉ El **saber** es la mejor arma. 아는 것은 최고의 무기이다.

sabor m 맛 taste
gusto / 미각, 맛
-◉ Sus comentarios nos dejaron un **sabor** amargo.
그의 의견은 씁쓸함만을 안겨다 주었다.

sabroso/a adj 맛있는 delicious
exquisito,a / 맛좋은
-◉ Qué **sabroso** que está esto! 이것 정말 맛이 있구나!

sacar tr 꺼내다, to bring out,
인출하다 to withdraw
retirar / 꺼내다, 인출하다
-◉ Ella **saca** al perro por las noches.
그녀는 밤마다 강아지를 산책시킨다.

sacrificar tr 희생하다 to sacrifice
sacrificio / 희생, 헌신
◈ **Sacrificó** el dinero por un poco de tiempo libre.
그는 자유시간을 위해 돈을 투자(희생)했다.

sagrado/a adj 성스러운 holy, sacred
santo,a / 성스러운 bendito,a / 축복받은
◈ Esto es algo **sagrado** para mí.
이것은 내게 성스러운 것이다.

sala f 거실, 홀 living room
salón / 응접실, 홀
◈ Él llegaba tarde a la **sala** de junta.
그는 회의실에 늦게 도착하곤 했다.

salario m 봉급 wage, pay
sueldo / 봉급 nómina / 임금
◈ Su **salario** será incrementado por convenio.
그의 급여는 편의상 인상될 것이다.

salida f 출발, 출구 exit, departure
llegada / 도착
◈ Hagamos una **salida** entre todas.
우리 모두 외출을 하자.

salir intr 나가다   to leave, to go out
llegar / 도착하다 entrar / 들어오다
- Mañana **salen** para París. 내일 그들은 파리로 향한다.

saltar intr 뛰다, 뛰어오르다   to jump
brincar / 뛰다, 도약하다 salto / 도약, 뛰기
- El **saltaba** para ver entre la multitudes a la actriz.
  그는 군중 사이 그녀를 보기 위해 껑충 뛰었다.

salud f   건강, 건배   health, cheers
saludar / 절하다, 인사하다 brindar / 건배하다
sano,a / 건강한, 건강에 좋은
- La **salud** es el bien más preciado.
  건강이란 가장 귀히 여기는 것이다.

salvaje adj 야생의, 잔인한   wild, savage
silvestre / 야생의
- No quiero que veas esas películas tan **salvajes**.
  이렇게 잔인한 영화는 보지 않았으면 좋겠다.

sangre f 피   blood
santa sangre / 성스러운 피 hemorragia / 출혈
- La **sangre** provee oxigena el organismo.
  피는 신체에 산소를 공급한다.

sartén f 프라이팬 frying pan
jarro / 주전자
◈ Necesitamos una **sartén** nueva. 새 프라이팬이 필요하다.

satisfacción f 만족 satisfaction
satisfecho,a / 만족한, 기뻐한 satisfacer / 만족시키다
◈ Su mayor **satisfacción** es ver crecer a sus hijos.
그의 가장 최고의 성취는 아이들의 자라는 모습을 볼 때이다.

secar tr 말리다 to dry
secadora / 헤어드라이기, 건조기 seco,a / 마른
enjugar / 말리다
◈ Saquemos la ropa para que se **seque** al sol.
햇볕에 말리기 위해 옷을 밖에 널자.

secretario/a m/f 비서 secretary
personal / 스태프, 직원
◈ Su **secretaria** le pasó los informes para que los firmara.
그의 비서는 그가 서명할 수 있도록 보고서를 건넸다.

secreto m 비밀 secret
jardín secreto / secret garden
◈ Esto es un **secreto**, no se lo cuentes a nadie.
이것은 비밀이니 아무에게도 이야기하지 말아라.

secuestro m 유괴, 납치 kidnapping
plagio / 유괴, 표절
- El **secuestro** del empresario ha terminado pacíficamente.
  그 사업가의 납치는 평화롭게 마무리 되었다.

sed f 갈증 thirst
sediento,a / 목이 마른 ávidez / (욕구에 대한)목마름, 갈증
- Tengo mucha **sed**. 난 정말 목이 마르다.

seguir tr 따라가다, 계속하다 to follow, to continue
enseguida / 즉시, 곧바로 continuar / 계속하다
- Ponte al frente que yo te **sigo**.
  내가 따라갈테니 네가 앞장서.

según prep ~ 에 의하면, ~ 에 따르면 according to
conforme a / ~에 따르면, 의하여
- Lo haré o no, **según** y cómo me lo pida.
  내게 어떻게, 무슨 부탁을 하느냐에 따라 내가 들어줄지 안 들어줄지 보겠다.

seguridad f 안전 safety, security
con seguridad / 확실하게, 반드시
- Karina tuvo la **seguridad** de lo que decía.
  까리나는 그녀가 하는 말에 확신을 가졌다.

seguro/a adj 확실한, 진짜의, sure,
/m 보험 insurance

cierto,a / 확실한 auténtico,a / 진짜의 póliza / 보험증권
- ¿Es **seguro**? 확실합니까? 진짜?

selección f 선택, 대표팀 selection
seleccionar / 뽑다, 고르다
- El país apoya a la **selección** nacional de fútbol.
 국가에서 축구대표팀을 후원하고 있다.

semáforo m 신호등 traffic lights
peatón,a / 보행자
- Frena, que el **semáforo** está en rojo.
 신호등이 빨간불이니 브레이크를 밟아라.

semana f 주 week
diurna / 주간의 cada dos semanas / 격주마다
- Vayamos una **semana** de vacaciones.
 일주일동안 휴가를 다녀오자.

sembrar tr 씨앗을 뿌리다 to sow
semilla / 씨앗, 바탕, 근원
- El niño **sembró** los juguetes por toda la casa.
 아이는 장난감을 온 집안에 뿌려댔다.

semestre m 학기 semester
diploma / 학위증
- Ya estamos en el primer **semestre** de este año.
  이미 올해의 상반기에 접어들었다.

sencillo,a adj 간단한, 편도의 simple, oneway
fácil / 간단한, 쉬운
- Les plantearon un **sencillo** enigma.
  그에게 간단한 퀴즈를 냈다.

sentarse tr 앉다 to sit down, to seat
asentar, sentar / 앉히다
- ¿Te puedes **sentar** de una vez por todas?
  이제 좀 자리에 앉으면 안되겠니?

sentir tr 느끼다 to feel
sentimiento / 감정 sentido / 느낌, 감각 sensibilidad / 감수성
- Tenía tanto frío que no podía **sentir** mis piernas.
  어찌나 추웠던지 다리가 추운지 느낄수도 없었다.

señal f 신호, 표 sign
señalar / 가리키다, 표시를 하다 seña / 표, 신호
- Muéstrame una **señal**. 신호를 좀 보내다오.

señor/a m/f ~ 씨, ~ 부인 Mr, Mrs, Miss
señorita / 아가씨, ~양
- Un **señor** nos indicó el camino.
  그 아저씨가 길을 안내해 주었다.

separar tr 나누다 to separate
separado,a / 분리된 partir, distinguir / 나누다, 구분하다
- Ellos no se **separan** nunca. 그들은 절대 헤어지지 않는다.

ser intr ~되다 to be
estar / ~이다
- Yo **soy** coreana. 난 한국인이다.

serie f 연속, 시리즈 series, serial
sucesión / 연속 sucesivo,a / 연속으로, 잇따라
- Le empezaron a hacer una **serie** de preguntas interminables.
그들은 끝이 없는 질문들을 퍼부어댔다.

serio/a adj 진지한, 중대한 serious
grave / 진중한
- Qué **serio** que eres. 넌 참 심각하구나.

servicio m 봉사, 써비스, 쎈터링 service
servir / 봉사하다 avería / 고장
- Ese abogado presta sus **servicios** a nuestra empresa desde hace años.
그 변호사는 우리 회사에 몇 년 동안이나 업무를 보아 주고 있다.

servilleta f 냅킨 napkin
papel / 휴지, 종이, 역할
- ¿Me pasas la **servilleta**? 냅킨을 좀 건네주겠어요?

servir　　　intr　　봉사하다　　　　to serve

no sirve / 고장　servicio / 봉사, 쎈터링
descompuesto,a / 부서진, 고장난
- ¿**Sírveme** un poco de lo estás comiendo?
  네가 먹고 있는 것을 조금 나누어 주겠니?

sí　　　　adv　　예스　　　　yes

no / no　si / if
- **Sí** quiero. 네, 원합니다.

siempre　　adv　　언제나, 역시　　always

eterno,a / 영원한, 불멸의　frecuente / 자주 일어나는, 빈번한
- Te prometo que **siempre** estaré al lado tuyo.
  늘 네 곁에 있을 거라고 약속할게.

sierra　　　f　　톱, 산맥　　　saw, mountain range

colina / 언덕　serrucho / 톱
- La **sierra** de Madrid se llena de gente los domingos.
  마드리드 산맥은 일요일에 사람들로 북적거린다

siesta　　　f　　점심식사 후의 낮잠　　siesta

somnolencia / 졸음
- Desde que trabajo ya no puedo dormir la **siesta**.
  나는 일을하기 시작한 뒤로 낮잠을 잘 수가 없다.

siglo m 세기 century
era / 연대, 시기
- Hace un **siglo** que no nos veíamos!
우리가 못 본지 너무 오래 되었다!

significar tr 의미하다, 뜻하다 to mean
significación / 의미, 뜻
- Tu amistad **significa** mucho para mí.
너의 우정은 내게 깊은 뜻을 가졌다.

signo m 표시, 별자리 sign
símbolo / 상징, 심벌
- ¿De qué **signo** sos? 넌 무슨 별자리이니?

siguiente adj 다음의 next
próximo / 다음의 consiguiente / 결과 por consiguiente / ~따라서, 그러므로 subsiguiente / 다음과 같은
- Que pase el **siguiente**. 다음 차례 입장하세요.

silencio m 침묵 silence, quiet
silencioso,a / 조용한, 묵묵한
- Haga un poco de **silencio** por favor.
좀 조용히 해 주세요.

silla f 의자 chair
asiento / 의자, 좌석
- ¿Esta **silla** está ocupada? 이 의자는 임자가 있습니까?

similar adj 비슷한, 유사한 similar
parecido,a / 비슷한 semejante / 비슷한, 닮은
◈ Ese vestido es muy **similar** al que tiene Amanda.
이 원피스는 아만다의 것과 비슷하다.

simpático/a adj 호감의, 친절한 nice, kind
amable / 친절한
◈ Esa niña es muy **simpática**.
이 여자아이는 매우 호감형이다.

simple adj 간단한 simple
sencillo,a / 단순한, 솔직한
◈ Eres tan **simple** que te crees todo.
넌 어찌나 단순한지 모든 것을 믿어 버린다.

simular tr 따라하다, 흉내내다 to simulate
fingir / 꾸미다, 빙자하다
◈ Catalina **simuló** que no le importaba lo que decían de ella.
까딸리나는 자신에 대해 하는 이야기들에 관심없는 척 했다.

sin prep ~ 없이, 제외하고 without
exclusive / 제외하여 excluido / 제외한, 배제한
amén de / ~을 제외하고 salvo,a / ~이외에는, ~제외하고
◈ **Sin** ti no valgo nada. 네가 없으면 나는 아무것도 아니다.

sindicato m 노동조합 labor union

Día del Trabajo / 노동절 conflicto / 갈등, 분쟁, 대립
revolución / 혁명

» El **sindicato** lucha por mantener los puestos de trabajo.
노동협회는 일자리 보존에 애를 쓰고 있다.

singular adj 단일한, 단수의 singular
독특한 special

plurar / 복수의 single / 싱글

» Fue un acontecimiento muy **singular**.
이것은 매우 특별한 사건이었다.

síntoma m 증상, 징후 symptom

indicio / 징후, 흔적 auspicio / 징조

» La fiebre suele ser **síntoma** de infección.
열은 감염의 증상이기도 하다.

sistema m 체계 system

sistematización / 체계화, 조직화

» La democracia es nuestro **sistema** político.
우리의 정치시스템은 민주주의이다.

sitio m 장소, 곳 place

lugar / 곳, 장소

» Búscame un **sitio** donde pueda dormir.
내가 잠을 잘 수 있는 장소를 찾아줘.

situación f 입장, 상황 situation
circunstancia / 환경, 사정, 상황
- Oscar atraviesa una mala **situación** financiera.
  오스카의 경제상황이 안좋다.

sobrar intr 남다 be left over
sobra / 남은 것, 잉여 superávit / 잉여, 초과
excedente / 잉여의 faltor / 모자르다
- No necesito tus **sobras**! 네가 남긴 것은 필요하지 않아!

sobre prep ~에 관해서, 봉투 about, envelope
/m ~의 위에 on above
acerca de / ~에 대(관)하여
- No dejes objetos **sobre** la mesa.
  상 위에 물건을 올려두지 말아라.

sobrevivir intr 생존하다 to survive
sobreviviente / 생존한, 생존, 생존자 aislador,a / 고립된
- Ramón **sobrevivió** a un accidente automovilístico.
  라몬은 자동차 사고에서 살아남았다.

sociedad f 사회 society
social / 사회적인
- La **sociedad** de consumo ha convertido las Navidades en unas fiestas comerciales.
  소비사회가 크리스마스를 상업파티로 만들어 버렸다.

socorro　　m　　원조, 구조　　　　aid, help
socorro! / 사람살려!
‣ **Socorro**! me ahogo! 살려줘! 물에 빠졌어!

sol　　　m　　해, 태양　　　　sun, sunshine
salida del sol / 일출　puesta del sol / 일몰
eclipse de sol / 일식 eclipse de luna / 월식
‣ Está tomando el **sol** para ponerse moreno.
　그는 까무잡잡해지기 위해 햇볕을 쬐고 있다.

soldado　　m　　병사　　　　soldier
militar / 군인, 군대의
‣ En aquella batalla murieron muchos **soldados**.
　이 전쟁에는 많은 병사들이 전사하였다.

soledad　　f　　고독, 외로움　　solitude, loneliness

solitario,a / 고독한
‣ La **soledad** le ayuda a meditar.
　외로움은 명상에 잠기게 만든다.

solicitar　　tr　　(일자리등을)구하다,　to seek,
　　　　　　　　　　신청하다　　　　to apply for

solicitud / 배려, 신청서
‣ Pablo **solicitó** una beca. 빠블로는 장학금을 신청하였다.

sólido/a　adj　단단한, 고체　　solid
consistente / 단단한, 끈기있는　firme / 단단한, 견고한
- Un material **sólido**. 딱딱한 재질.

solo/a　adj　오직하나　　single, alone
sólo / 다만, ~만　solitario,a / 고독한, 혼자만의
- ¿Viniste **solo**? 혼자 왔니?

soltar　tr　놓아주다, 석방하다　to release
liberación, soltura / 해방, 석방
- **Soltaron** al sospechoso después de interrogarlo.
  심문을 한 후에 용의자를 놓아 주었다.

soltero/a　adj/ 　미혼의,　　unmarried,
　　　　　　　m/f　독신　　　　single
casado,a / 기혼의
- Ya no quedan buenos **solteros**.
  이제 괜찮은 싱글을 찾아보기 힘들다.

solución　f　해답, 해결책　　solution
solucionar / 해결하다
- Necesitamos una **solución** ya mismo.
  지금 당장 해결이 필요하다.

sombra　f　그늘, 그림자　　shadow
silueta / 실루엣　sombrío / 어두운, 우울한
- Pongámonos a la **sombra** de un árbol.
  나무그늘 아래로 이동하자.

sonar intr 소리나다 to ring
soñarse / 코를 풀다
◈ La radio **suena** muy fuerte. 라디오 소리가 너무 큰 걸.

sonido m 소리 sound
voz / 음성, 소리
◈ El bebé reconoce el **sonido** de la voz de su madre.
아기는 엄마의 목소리를 알아듣는다.

sonrisa f 미소 smile
risa / 미소 sonreir / 미소를 짓다
◈ Ella recibió a sus amigos con una gran **sonrisa**.
그녀는 함박웃음으로 그녀의 친구들을 맞았다.

soñar tr 꿈꾸다 to dream
soñador,a / 몽상가, 공상가
◈ Hilda se pasa la vida **soñando** lo imposible.
일다는 평생 불가능을 꿈꾸며 살고 있다.

sorpresa f 놀람 surprise
sorprenderse / 놀라다
◈ Él le dio una **sorpresa** a sus padres al llegar a casa sin aviso previo.
그는 알리지 않도 집에 도착해서 부모님들을 놀라게 했다.

sorteo m 제비뽑기, 추첨 draw
lotería / 복권
◈ Vale, Hagámoslo por **sorteo**. 좋아. 추첨으로 하자.

sospechar　tr　의심하다　　to suspect

sospechoso / 용의자　víctima / 피해자, 희생자

◈ ¿**Sospechas** de Juan? 너 후안을 의심하는거야?

sostener　tr　받치다,　　to hold,
　　　　　　　　　부양하다　　to support

soportar / 견디어내다, 받치다
sostenimiento / 받침, 지지, 후원

◈ ¿Me **sostienes** esto un segundo?
이것 좀 잠시 가지고 있어줄래요?

sótano　m　지하실　　basement

trastero / 작은 방, 지하실　azotea / 옥상

◈ La familia utiliza el **sótano** de la casa como garaje.
그 가정은 집의 지하실을 창고로 쓰고 있다.

suave　adj　부드러운,　　soft, smooth
　　　　　　　다정다감한

terso,a / 매끄러운, 유려한　tierno,a / 부드러운

◈ Tamara tiene la piel **suave** como la de un bebé.
따마라는 아기처럼 피부가 곱다.

subir　tr　오르다,　　to raise, lift up
　　　　　　상승하다

subida / 상승　levantar / (물가가) 오르다, 올리다

◈ ¿Me ayuda a **subir** las cosas por favor?
이것들을 올리는 것을 도와 주시겠어요?

subjetivo/a adj 주관적인, 개인적인 subjective
objetivo,a / 객관적인
- Mi opinión es totalmente **subjetiva** y los demás no tienen por qué estar de acuerdo.
내 의견은 전적으로 주관적이고, 타인이 동의할 필요가 없다.

subtítulo m 자막 subtitle
doblar / 더빙하다, 접다 desplegar / 펴다
- Janina mira la película con **subtítulos**.
하니나는 자막이 있는 영화를 보고 있다.

suceder intr 발생하다 to happen
ocurrir / 발생하다
- ¿Qué **sucede** aquí?
여기에 무슨 일이 일어나고 있는거지?

sucio/a adj 더러운, 먼지가 많은 dirty
cochino,a / 더러운 contaminar / 오염시키다
mugre / 때, 기름때
- Es **sucio**. No lo toque.
더러운 거야. 만지지마.

sudar tr 땀을 흘리다 to sweat
sudor / 땀
- Pedro está **sudando** como loco por el calor que hace.
더위 때문에 뻬드로는 미친듯이 땀을 흘리고 있다.

sueldo m 급료 wages, pay
paga, salario / 급료, 월급
- Su **sueldo** no llega al salario mínimo.
그의 급여는 최저급여에 미치지 않는다.

suelo m 바닥 ground, floor
fondo / 바닥, 밑
- Este **suelo** necesita una barrida. 이 바닥은 빗질이 필요하다.

suelto/a adj/m 풀린, 석방된, 잔돈 loose, free, change
libre / 자유의 suelta / 석방
- Te queda mejor el pelo **suelto**.
너에게는 푼 머리가 더 잘 어울린다.

sueño m 꿈, 잠 dream, sleep
vacío / 덧 없음 canción de cuna / 자장가
- El **sueño** es un reposo que evita la fatiga.
잠이란 고단함을 막을 수 있는 휴식이다.

suerte f 행운, 운 luck, fortune
fortuna / 행운 afortunado,a / 운 좋은
- Que tengas mucha **suerte**! 행운이 함께하길 빌어!

suficiente adj 충분한 enough
bastante / 충분한 insuficiente / 불충분한
- Nunca te conformes con el **suficiente**.
충분함에 만족하지 말아라.

sufrir tr 괴로워하다, 참다 to suffer
padecer / 아파하다, 앓고있다
◦ Ella **sufrió** su dolor en silencio.
그녀는 그녀의 고통을 조용히 참아냈다.

sugerencia f 제안, 암시 suggestion
sugestión / 암시, 시사
sugerir / 암시하다, 제안하다 insinuación / 힌트
◦ ¿Qué me puede **sugerir**? 무엇을 권장하십니까?

suicidio m 자살 suicide
homicidio / 살인
◦ Fumar de ese modo es un **suicidio**.
저렇게 흡연하는 것은 자살행위이다.

sujeto/a m/f 테마, 주어 subject
tema / 테마
◦ El documento está **sujeto** a revisión.
서류는 검토의 대상이다.

suma f 총 total, sum
total / 총계, 합계 monto / 총액, 합계
◦ La **suma** de 1 y 11 es de doce.
1과 11의 합계는 12이다.

superar   tr   능가하다, 초과하다   to overcome
극복하다

exceder / 초과하다   super / super
- María **superó** su miedo a las alturas.
마리아는 고소공포를 극복하였다.

superior   adj   상부의, 고등의   upper, superior
supremo,a / 최고의
- Alcanzaron las cotas **superiores** del Himalaya.
그들은 히말라야의 최고점에 도달했다.

superstición   m   미신   superstition
sobrenatural / 초자연적인   totem / 토템
- Según el **superstición**, 미신에 의하면,

suponer   tr   가정하다   to suppose
imaginarse / 상상하다
- No estoy seguro, es solo un **suponer**.
난 아직 확실하지 않고, 그냥 추측일 뿐이야.

supuesto   m   추측, 가정   assumption
por supuesto / 물론, 분명히
- El hecho es sólo **supuesto**.
사실은 추측일뿐이다.

suspiro m 한숨 sigh

suspirar / 한숨을 쉬다

- Javier **suspira** en pensar que no va poder ir a Cancún.
하비엘은 칸쿤에 갈 수 없다는 생각에 한숨을 쉬었다.

sustituir tr 대신하다, 대체하다 to substitute, to replace

reemplazar / 대체하다

- ¿Quién te **sustituirá** en la tarea?
누가 저 일을 대신할거니?

tacón m 하이힐 high-heel
taco / 하이힐
- Jimena no pudo correr porque llevaba **tacones**.
 히메나는 하이힐을 신고 있어서 뛸 수 없었다.

taladro m 송곳, 드릴 drill
pala / 삽 punzón / 송곳
- Es imposible clavar en esta pared, necesitamos un **taladro**.
 이 벽에 못질하는 것은 불가능해서, 드릴이 필요하다.

talla f 키, 사이즈 height, size
estatura / 키 peso / 몸무게
- ¿Cuál es su **talla**? 싸이즈가 어떻게 되시죠?

tamaño m 사이즈 size
dimensión / 크기, 용적
- No importa el **tamaño** sino la calidad.
 사이즈가 중요한 것이 아니라 품질이 중요하다.

también adv ~도 역시, 또한 also, as well
asi mismo / 또한, 역시
- Yo **también** quiero lo mismo. 나도 같은 것을 원해.

tampoco adv ~ 또한 아닌 neither
ni / ~도 ~도 없이
◦ Si él no va al cine, yo **tampoco**.
그가 극장에 가지 않으면, 나도 가지 않을거야.

tanto/a adj 많은, 그 정도의 so much
tan / 이렇게, 그렇게, ~만큼
◦ Había **tantas** personas en el parque que no lo pude encontrar.
공원에 사람이 얼마나 많았던지 그를 만나지 못했어.

tapar tr 덮다 to cover
cubrir / 덮다, 씌우다
◦ Apártate un poco, me **tapas** la televisión.
너 옆으로 조금 가주면 안될까, TV를 가리고 있어.

tapón m 뚜껑, 마개 top
tapa, tapadera / 뚜껑, 덮개
◦ ¿Dónde está el **tapón** del vino? 와인 뚜껑이 어디있지?

taquilla f 티켓판매소 ticket booth
boletería / 티켓판매소
◦ Ya no había boletos del concierto en las **taquillas**.
매표소엔 콘서트표가 매진된 상태였다.

tardar intr 늦어지다 to take a long time
tardarse / 시간이 걸리다
◦ Se está **tardando** demasiado. 걔 너무 늦고 있는데.

tarde   f   오후, 늦게   afternoon, late
tardanza / 지체, 지연
◈ Más vale **tarde** que nunca.
늦더라도 시작하는 것이 평생 안하는 것보다 낫다.

tarea   f   숙제, 일   homework, job
deberes / 숙제   preparación / 준비, 예습
◈ A los niños le dieron mucha **tarea** en la escuela.
학교에서 아이들에게 많은 숙제를 내주었다.

tarifa   f   가격표, 요금표   price list, fare
honorario / 요금
◈ Todos los precios puestos en una **tarifa** del hotel están en el peso.
호텔요금표에 등재된 모든 가격은 페소입니다.

tarjeta   f   명함, 카드   name card, card
carta / 카드(트럼프), 편지
◈ Andrés pagó la comida con la **tarjeta** de crédito.
안드레스는 식사비를 카드로 결제하였다.

té   f   차   tea
taza / bowl
◈ ¿Quieres una taza de **té**?
차 한잔 마시지 않을래?

teatro m 극장 theater

teatro de sueño / dream theater telón / (무대의)막

· El **Teatro** Colón es uno de los edificios más hermosos de Buenos Aires.
꼴론극장은 부에노스 아이레스에서 가장 아름다운 건물들 중 하나이다.

techo m 천장 ceiling

tejado / 기와지붕

· La casa de Juan no tiene lámparas en el **techo**.
후안의 집에는 천정에 전등이 없다.

técnico/a m/f 운동경기의 감독, coach
기사, 수리공

entrenador,a / 코치, 트레이너

· Para la tarde llegara el **técnico** para reparar la lavadora.
오후쯤에 기사가 세탁기를 수리하러 들를 것이다.

tela f 천, 옷감 material

textil / 직물의, 방직 material / 원료, 자재

· Lorenzo ha recubierto el suelo de la terraza de **tela** porque el inquilino de abajo tenía goteras.
로렌소는 아래층 임대인의 항의로 옥상바닥을 천으로 덮었다.

tema m 주제, 테마 topic, theme
texto / 원문, 본문 libro de texto / 교과서
- Esa pareja siempre acaba de siendo el **tema** de nuestras conversaciones.
  그 커플의 이야기는 늘 우리 대화에 주제를 장식하곤 한다.

temer tr 무서워하다, 겁을먹다 to fear
temor / 두려움, 공포 terrible / 무서운, 소름끼치는
- Yo le **temo** a las alturas y la oscuridad.
  난 고소와 어두움에 공포증이 있다.

temperatura f 온도 temperature
temperamento / 체질, 기질 termómetro / 온도계
temple / 체온, 기질
- En el verano se registran altas **temperaturas**.
  여름엔 높은 온도가 기록되곤 한다.

templo m 사원, 신전 temple
santuario / 성전, 신전
- ¿Hay un **templo** judío en la ciudad?
  도시에 유대교 사원이 있습니까?

temporada f 시즌, 기간 season, period
período / 때, 기간
- El hotel está un poco más caro, porque estamos en **temporada** alta.
  지금이 성수기라 호텔가격은 조금 더 비싸다.

temporal　adj　일시적인　　　temporary
provisional / 일시적인 pasajero,a / 일시적인
⁃ Luis trabajó en el local de su tío **temporalmente**.
　루이스는 일시적으로 삼촌네 가게에서 일했다.

temprano,a　adj　일찍　　　　early
pronto,a / 빠른, 서두름, 빨리
⁃ Ven mañana **temprano** para poder salir con tiempo.
　미리 나갈 수 있도록 내일 아침 일찍 오도록 해라.

tenedor　m　포크　　　　　fork
cucharón / 큰 숟가락, 주걱
⁃ Fuimos a un restaurante de cuatro **tenedores**.
　우리는 포크4개(식당 카테고리를 매기는 단위)짜리 식당에
　다녀왔다.

tener　tr　가지다　　　　　to have
poseer / 가지다, 소유하다
⁃ Este libro no **tiene** ilustraciones. 이 책은 삽화가 없다.

tensión　f　긴장, 혈압　　　tension
presión / 긴장
⁃ Laura siente mucha **tensión** por su trabajo.
　라우라는 그녀의 업무에 많은 압박감을 느꼈다.

teoría f 학설, 이론 theory

disensión / 반론 supuesto,a / 가상의, 가설의, 가설, 가정
- ¿Cuál es tu **teoría** acerca de lo que ha pasado?
  당신이 이 사건에 대해 어떤 가설을 가지고 있습니까?

terminar tr 끝내다 to complete, to finish

concluir / 종결시키다
- Quiero que esto **termine** pronto.
  난 이것이 어서 지나갔으면 좋겠다.

terremoto m 지진 earthquake

sismo / 지진
- ¿No has sentido el **terremoto** anoche?
  어젯밤 지진 난 거 못 느꼈니?

terreno m 땅, 토지 land

tierra / 땅, 육지
- Germán se ha comprado un **terreno** en las sierras para construirse una casa.
  헤르만은 언덕에 땅을 사서 집을 지으려고 한다.

tesoro m 보물 treasure

joya, alhaja / 보석
- La isla del **tesoro**. 보물섬.

testamento m 유언 will
epitafio / 묘비명
- Para hacer **testamento** fueron a la oficina del notario.
유서를 작성하기 위해 공증인 사무실에 찾아갔다.

testigo m/f 목격자, 증인, 증거 witness
evidencia / 증거
- El **testigo** sufrió un desmayo por la tensión del juicio.
증인은 재판의 긴장감 때문에 정신을 잃고 말았다.

tibio/a adj 미지근한 lukewarm
soso,a / 맛없는, 싱거운 irascible / 성미가 급한, 화를 잘내는
- Este café está **tibio**. 이 커피는 미지근해.

tiempo m 시간, 계절, 날씨 time, weather
estación / 계절 meteoro / 기상 pasatiempo / 여가
- No tengo **tiempo** para esto.
난 지금 이럴 시간이 없어.

tienda f 가게, 상점 store, shop
bodega, almacén / 가게, 상점 local / 가게, 지방의
quiosco / 매점, 가게 supermercado / 슈퍼마켓
- Puedes ir a la **tienda** a comprar algunas cosas?
뭣 좀 사러 가게에 갈수 있지 않을까?

tierra   f   땅, 지구, 육지   soil, earth, land
terreno / 땅, 흙
⋯▶ Uno de mis deseos es recorrer todo el continente por **tierra**.
나의 소원중 하나는 온 대륙을 육로로 여행하여 보는 것이다.

tijera   f   가위   scissors
pinzas / 핀셋   tenacillas / 작은 집게, 핀셋
⋯▶ Pásame la **tijera** para recortar este anuncio del periódico.
이 신문기사를 자르려고 하는데 가위를 좀 건네주라.

timbre   m   초인종   bell
campanilla / 초인종, 벨
⋯▶ ¿Creo que alguien tocó el **timbre**?
누군가 벨을 누른것 같은데?

tímido/a   adj   내성적인, 소심한   shy
introvertido,a / 내성적인
⋯▶ Raquel siempre fue **tímida** para hablar en público.
라켈은 군중 앞에서 말할 땐 늘 수줍음을 탄다.

típico/a   adj   전형적인   typical
representativo,a / 대표적인
⋯▶ Él es el **típico** padre sobre protector.
그는 전형적인 과잉보호하는 아버지이다.

tipo   m   타입, 유형   type, kind
modelo / 모델, 타입
- ¿Qué **tipo** de libro te gusta leer?
  넌 무슨 종류의 책을 좋아하니?

tirar   tr   던지다, 버리다   to throw
arrojar, lanzar / 던지다
- Mi mamá **tiró** los periódicos viejos.
  우리 어머니가 오래된 신문들을 버렸다.

título   m   제목   title
sujeto / 주제, 제목
- En este fichero los libros están ordenados por **títulos**.
  이 파일에는 책들이 제목별로 나열되어 있다.

toalla   f   타월, 수건   towel
pañuelo / 손수건
- Carla se olvidó de traer la **toalla** de la alberca.
  까를라는 수영장에 수건을 두고 왔다.

tocar   tr   만지다, 손대다   to touch,
                                    연주하다   to play an instrument
toque / 접촉
- Augustín esta aprendiendo a **tocar** el bajo.
  아구스틴은 베이스를 치는 것을 배우고 있다.

todavía　　adv　아직까지　　　　even, still, yet
aún / 아직
• No empieces **todavía**. 아직 시작하지 마.

todo/a　　adj　전부, 모두다　　all, everything
De todos los tiempos / All-time
• **Todo** el mundo estaba de acuerdo con la idea.
모두들 그 의견에 동의했다.

tolerancia　f　　인내, 포용　　　tolerance
tolerar / 용서하다, 참다
• **Tolerancia** es lo que le falta a mi jefe.
내 상사에게 부족한 것은 바로 인내심이다.

tomar　　　tr　마시다, 타다,　　to take, to get,
　　　　　　　　사진찍다, 가지다　to take a picture

montar / 타다　coger / 잡다　cámara / 카메라
• Vayamos a **tomar** algo. 뭔가 마시러 가자.

tonto/a　　adj　바보같은　　　　stupid
estúpido / 바보같은
• Qué **tonto** que eres! 넌 참 바보로구나!

torcido/a　adj　꼬인, 비틀려진　　twisted
torcer / 꼬다, 뒤틀다　rizo,a / 곱슬곱슬한(머리)
• Mateo se **torció** el tobillo jugando al fútbol.
마테오는 축구를 하다가 발목이 삐었다.

tormenta   f   태풍, 폭풍우   storm
tempestad / 폭풍우   huracán / 허리케인
◈ Las **tormentas** tropicales suelen originarse en el mar Caribe en la época del verano.
열대폭풍은 여름에 카리브해에서 발생되곤 한다.

torneo   m   토너먼트   tournament
eliminatorio,a / 예선의
◈ Este domingo hay un **torneo** de tenis.
이번 일요일에 테니스 시합이 있어.

torre   f   탑   tower
pagoda / 탑
◈ ¿Conoces la historia de la **Torre** de Babel?
바벨탑에 대한 이야기를 알고 있니?

tos   f   기침   cough
flema / 가래
◈ Él tuvo que tomar un jarabe para la **tos**.
그는 기침약(물약)을 먹어야 했다.

trabajar   intr   일하다   to work
trabajo / 일, 작업, 노동력   velar / 철야하다, 야근하다
◈ Janet **trabaja** de lunes a viernes.
쟈넷은 월요일에서 금요일까지 일을 한다.

tradición f 전통, 구전 tradition
convención / 관습, 협정 tradicional / 전통의, 전통적인
- Se casaron según la **tradición** judía.
  그들은 유대인의 풍습대로 결혼을 하였다.

traducir tr 번역하다, 통역하다 to translate
tradución, versión / 번역, 해석 trasladar / 번역하다
intérprete / 통역관
- **Tradúceme** lo que has dicho, que no he entendido nada.
  뭐라 했는지 번역 좀 해봐, 무슨 말인지 하나도 모르겠어.

traer tr 가져오다 to bring
recoger / 픽업하다 llevar / 가져가다
- ¿Qué asunto se **traerá** entre manos?
  무슨 문제를 가지고 오는 걸까?

tráfico m 교통혼잡 traffic
tránsito / 차의 통행
- El **tráfico** de la ciudad cada vez está peor.
  도시의 교통체증은 점점 심화되고 있다.

trampa f 덫, 함정 trap
cepo / 올가미, 수갑
- No hagas **trampa** en este juego.
  게임에 반칙을 하지 말아라.

tranquilo/a   adj   조용한, 조용히   calm, relax
quedo,a / 조용한, 고요한   sereno,a / 침착한, 온화한
- Me gusta el campo porque es mas **tranquilo** que la ciudad.
  난 시골이 도시보다 조용해서 좋다.

transparente   adj   투명한   transparent
transparencia / 투명성
- No hace falta que digas nada, tu cara es **transparente**.
  말을 할 필요도 없이, 네 표정이 모든 것을 말해주고 있다.
  (직역: 얼굴이 투명하다)

trapo   m   걸레, 행주   rag, dishcloth
delantal / 앞치마
- Esta camisa está hecha **trapo**.
  이 셔츠는 걸레가 다 되었구나.

traslado   m   이동   transfer
trasladar / 갈아타다   mover, mudar / 이동하다
- Los Pérez se **trasladaron** a un barrio más tranquilo.
  페레스씨네는 저 조용한 곳으로 이주하였다.

tratar   tr   다루다, 취급하다   to treat
trato / 취급, 대우, 대화   maltratar / 학대하다
- ¿De qué se **trata** esto?
  이것은 무엇에 대한 것이니?

tren m 기차 train
andén / 플랫폼 ferrocarril / 철도
» **Tren** loco de Ozzy Osbourne.
오지 오스본의 Crazy train.

triste adj 슬픈 sad
tristeza / 슬픔 patético,a / 애절한, 감동적인
lástima / 유감, 슬픔 melan colico / 멜랑꼴리, 우울
» Resulta **triste** haber trabajado tanto para nada.
그렇게 오랫동안 일했는데 결과가 없다는 것이 슬프다.

triunfo m 승리 triumph
victoria / 승리
» Muchos fanáticos festejaron el **triunfo** de Boca Juniors.
많은 팬들이 보카 팀의 우승을 축하해 주었다.

tumba f 무덤 tomb
sepultura / 무덤, 묘
» Dicen que la **tumba** de Chopin está en París.
그들은 쇼팽의 무덤은 파리에 있다고 말했다.

turista m/f 관광객 tourist
turismo / 관광
» El grupo de **turistas** se sacaban muchas fotos.
관광객 무리는 많은 사진을 찍고 있었다.

turno m 차례, 순서 turn
orden / 차례, 순서, 질서
◦» Ahora es tu **turno**. 이제 너의 차례이다.

tutor/a m/f 가정교사, 보호자 tutor
profesor / 선생님
◦» El **tutor** habló a los alumnos sobre las diferentes carreras universitarias.
교사는 학생들에게 대학의 전공학과에 대해 설명을 해 주었다.

ubicación   f   위치   location
lugar / 위치, 장소
▸ ¿Conoces la **ubicación** del nuevo restaurante italiano?
새 이탈리안 음식점의 위치를 알고 있니?

último/a   adj   최후의   last
final / 끝의, 마지막의
▸ Él es el **último** de la fila.
그가 이 행렬(줄)의 마지막입니다.

un/a   art   한, 어떤   a, an
uno,a / 하나의, 한 개의
▸ **Un** amigo me dijo que le gustabas Ana.
한 친구가 네가 아나를 좋아한다고 말해주었어.

único/a   adj   유일한   unique, only
solo,a / 하나의   raro,a / 희귀한
▸ Daniel fue el **único** que hizo la tarea.
다니엘이 숙제를 한 유일한 사람이었다.

unidad　f　단위　　　unit
uñir / 합하다　uñirse / 합쳐지다
- ¿En qué **unidad** estás ingresando los datos?
데이터를 무슨 단위로 입력하고 있니?

unión　f　결합, 단결　union
lazo / 연합, 결합　nudo / 매듭
- El matrimonio es la **unión** de dos personas diferentes.
결혼이란 서로 다른 두 사람의 결합이다.

universidad f　대학교　　　university
universal / 일반적인, 보편적인
universalización / 일반화, 보편화
- Estudié la administración en la **universidad**.
대학에서 행정학을 공부했습니다.

universo　m　우주　　　universe
cósmico,a / 우주의　la Vía Láctea / 은하수
- El **universo** es increíblemente misterio.
우주는 믿을 수 없을 만큼 미스테리야.

urbano/a　adj　도시의　　　urban
rural / 시골의, 전원의
- Es necesaria la planificación estratégica del desarrollo **urbano**.
전략적인 도시성장 계획이 필요하다.

urgente　　adj　　비상의　　　　urgent
urgencia / 긴박, 응급
- Tienes una llamada **urgente**! 매우 급한 전화가 왔어!

usar　　　tr　　쓰다, 사용하다　to use
uso / 사용, 이용
- ¿Cuántos saben **usar** los palillos?
  몇 명이 젓가락을 사용할 줄 알지?

útil　　　adj　　쓸모 있는　　useful
inútil / 쓸모 없는, 소용 없는
- Esta información es muy **útil** para mí.
  이 정보는 내게 아주 유용하다.

utilizar　　tr　　이용하다,　　to use
　　　　　　　　　사용하다

utilización / 사용, 이용
- ¿Sabes **utilizar** este programa?
  이 프로그램 사용할 줄 아니?

vacación f 휴가, 방학 vacation, holiday
vacaciones, feriado / 휴일
- Cuando empiezan las **vacaciones**, todas las tarifas de los vuelos se incrementan.
  방학이 시작되면, 모든 항공요금이 인상된다.

vacío/a adj 비어 있는 empty, vacant
desocupado / 비어 있는 vacante / vacancy
- El sobre estaba **vacío**. 봉투는 비어 있었다.

vale interj 오케이 o.k, All right
bueno / 좋아, 오케이, 여보세요(전화상의)
- ¿**Vale**? all right?

valer tr 지키다, 보호하다 to keep, to protect
guardar / 지키다, 보관하다
- Esta película **vale** la pena verla.
  이 영화를 보면 절대 후회하지 않을 것이다.

válido,a adj 유효한 valid
caducado,a / 무효한, 기한이 끝난 vano,a / 덧 없는, 헛된
- Él dijo que esta tarjeta no es **válida**.
  그가 이 카드는 유효하지 않다고 말했는데요.

valle m 계곡 valley
cañon / 협곡 vallina / 계곡
- ¿Cuál es el **valle** del muerto?
  죽은자의 계곡은 무엇입니까?

valor m 가치, 가격 value, worth
valer / 가치가 있다, 쓸모있다 valorar / 가치를 매기다
- ¿Qué **valor** tiene este reloj? 이 시계는 얼마입니까?

válvula f 밸브 valve
tubo / 관, 파이프
- Cierra rapida la **válvula**! 밸브를 빨리 잠궈!

vapor m 증기, 김 steam
vaho / 증기, 김
- El baño se llenó de **vapor** por la ducha.
  샤워때문에 욕실이 증기로 가득찼다.

variedad f 다양성 variety
variable / 변하기 쉬운 invariable / 변하지 않는
variación / 변동, 변화
- Aquí hay mucha **variedad** de productos.
  이곳엔 여러 종류의 물건들이 많다.

vario/a adj 여러가지, 다양한 various
diferentes, diversos,a / 다른, 다양한
- Tengo **varios** libros de viajes.
  난 여행책을 여러권 가지고 있다.

vaso　　m　컵　　　　　cup, glass
jarro / 물 주전자　copa / 컵　vasija / 그릇, 용기
envase / 그릇, 병
◈ Un **vaso** de leche. 우유 한컵.

vecino/a　m/f　이웃　　　neighbor
barrio / 근처
◈ Me llevo muy bien con mi **vecino**.
난 내 이웃과 잘 지낸다.

vehículo　m　탈 것, 차량　vehicle
transporte / 운송, 수송
◈ ¿En qué **vehículo** llegaste hasta aquí?
여기까지 어떤 차를 타고 왔니?

velocidad　f　속도　　　speed
veloz / 빠른
◈ La **velocidad** máxima es de 100km/h.
최고속도는 시속 100km 이다.

venda　　f　붕대　　　bandage
gasa / 거즈
◈ ¿Por qué traes esta **venda**? 이 붕대는 왜 감고 있니?

vender　tr　팔다　　　to sell
subasta / 경매　vendedor,a / 세일즈 맨, 영업사원
◈ Sus empanadas se **venden** muy bien.
그의 엠빠나다는 정말 잘 팔린다.

veneno m 독 poison
venenoso,a / 독이 있는, 유독한 tóxico / 독극물
» Él era como un **veneno** para ella.
그는 그녀에게 독같은 존재였다.

venganza f 복수, 보복 revenge
vengar / 복수하다
» Esta película trata de la **venganza**.
이 영화는 복수에 대한 이야기이다.

venida f 도착, 귀가 arrival
llegada / 도착
» Ella nos avisó de su próxima **venida** hace un mes.
그녀는 그녀의 방문을 한달 전부터 알려 주었다.

venir intr 오다 to come
ven aquí! / come here!
» ¿Cuándo **viene** Javier? 하비엘은 언제 올거야?

venta f 판매, 매각 sale
vender / 팔다
» Las **ventas** se incrementaron en este año.
올해 판매가 증가하였다.

ventaja f 우위, 이점 advantage
aventajar / 유리하게 해주다 desventaja / 불리함
» Él tiene más **ventaja** porque es mayor.
그는 나이가 많아 유리한 점이 많다.

ventana f 창문 window
pasillo / 복도 ventanilla / 작은 창문
◉ No hay **ventanas** en este cuarto. 이 방에는 창문이 없다.

ventilador m 선풍기 fan
radiador / 난방기 respirador / 환풍기 ventilar / 송풍하다
◉ ¿Puedes encender el **ventilador**?
선풍기를 틀면 안되겠니?

ventura f 행운 luck, fortune
suerte / 행운
◉ Por **ventura**, nadie resultó herido.
다행히 아무도 다치지 않았다.

ver tr 보다 to see
mirar / 보다 mirarse / 마주보다
◉ No **veo** bien de noche. 저녁에 잘 보이지가 않는다.

veras f 진실, 사실 truth
verdad / 진리, 정말 verdadero, a / 진짜의, 진정한
◉ ¿De **veras**? 정말이니? Really?

vergüenza f 수치, 창피 shame
deshonra / 불명예, 수치
◉ Me muero de **vergüenza**. 창피해 죽겠다.

vertical adj/f 수직의, 세로 vertical
horizontal / 수평의, 가로
- Posición **vertical**. 세로로 서 있는 자세.

vestirse tr 옷을 입다 to wear
vestido / 옷, 의복 armario / 옷장
- Ana se **vistió** muy bien para esta ocasión.
이번에 아나는 정말 차려입고 나왔다.

vez f (몇)번, 회 time, turn
tiempo / (몇)번
- ¿Podré contar contigo esta **vez**?
이번에는 너와 같이 이야기 할 수 있을까?

vía f 경유, 길 via
camino / 길
- Tomás está en la **vía** hacia Bilbao.
토마스는 빌바오행 길을 달리고 있다.

viaducto m 육교 viaduct
cruce de peatones / 횡단보도
- Puedes agarrar este **viaducto** para evitar el tráfico.
트래픽을 피하기 위해 이 다리를 타고 가는것이 좋겠다.

viajar intr 여행하다 to travel
viaje / 여행 viajero / 여행자 excursión / 소풍
pasaporte / 여권 campamento / 캠핑, 야영
-◈ Juan **viaja** todos los fines de semana a Arequipa.
후안은 매 주말 아레끼빠로 여행간다.

vida f 인생, 생명 life
mentira / 거짓말 longevidad / 장수
-◈ ¿Cómo te trata la **vida**? 요즘 어떠니?

vidrio m 유리 glass
espejo / 거울
-◈ Ten cuidado con este vaso de **vidrio**.
이 유리컵 조심해라.

viejo/a adj 늙은, 낡은 old
anciano,a / 늙은, 나이많은
-◈ Carmen se sentía muy **vieja** y eso la entristecía.
까르멘은 자신 스스로가 너무 늙었다고 생각되었고, 이것이 그녀를 슬프게 만들었다.

viento m 바람 wind
nube / 구름 brisa / 미풍, 산들바람
-◈ Hay mucho **viento**. 바람 참 많이 부는군.

vigilancia f 경비 security
seguridad / 보안 portero,a / 수위
- Cada vez hay más empresas de **vigilancia**.
  점점 경비업체가 늘어나고 있다.

vigor m 힘이 센, 정력 vigor
fuerza , poder / 힘, 파워
- Él estaba en pleno **vigor**. 그는 원기가 넘쳤다.

vino m 포도주 wine
pisco / 페루의 술 tequila / 멕시코의 술
- El **vino** chileno se exporta muy bien.
  칠레산 와인이 많이 수출되고 있다.

violar tr 위반하다 to violate
violación / 위반
- El criminal **violó** las leyes. 범죄자가 법을 어겼다.

violencia f 폭력 violence
violeto,a / 격렬한, 폭력적인
- No debes tratar a nadie con **violencia**.
  그 누구에게도 폭력을 행사하면 안된다.

virgen f 처녀 virgin
soltero / 총각
- Muchos mexicanos son fieles a la **Virgen** de Guadalupe.
  많은 멕시칸들은 과달루빼 성모를 믿는다.

visitar tr 방문하다 to visit
visita / 방문
-»> Un amigo mío va a **visitarme** a mi casa.
친구 한 명이 우리집을 방문 할꺼야.

vista f 관점, 전망 sight, view
paisaje / 풍경
-»> Ana tiene que usar anteojos porque tiene mala **vista**.
아나는 눈이 좋지 않아 안경을 써야 한다.

vivir intr 살다 to live
expirar / 죽다, 숨을 거두다   radicar / 정착하다
-»> Cynthia **vivió** toda su vida en Paraguay.
신띠아는 평생을 빠라과이에 살았다.

volar intr 날다 to fly
volante / 날으는 objeto volante no identificado / ufo
parabólico,a / 포물선의
-»> El tiempo **vuela**. 시간이 쏜살같이 지나간다.

voltear tr 돌리다, 뒤집다 to turn over
darle la vuelta / 뒤집다
-»> Debes **voltear** la carne que se quema.
고기가 탈 것 같으니 뒤집어라.

volumen m 볼륨, (책의)권 volume
tomo / (책의)권
⋯▶ Esta caja se excede del **volumen** permitido.
이 박스는 허가된 부피보다 초과되었다.

volver tr 되돌리다 to return, to turn
restaurar / 회복하다, 복구하다
⋯▶ Juan **volvió** a su casa, luego de 2 años.
후안은 2년만에 집으로 돌아갔다.

voluntad f 의지 will
voluntario,a / 자발적인 voluntario,a / 자원봉사자
⋯▶ No tiene **voluntad** para dejar de invertir a bolsa.
그는 주식 투자를 그만둘 의지가 없다.

vomitar tr 토하다 to vomit
vómito / 구토, 구역질 regurgitar / 구토하다
marearse / 멀미하다
⋯▶ Damián le agarró infección, está **vomitando** todo el día.
다미안은 배탈이 나서 하루 종일 토하고 있다.

votar intr 투표하다 to vote
votación / 투표 votante / 투표자, 유권자 sufragio / 투표
⋯▶ ¿Ya fuiste a **votar**? 이미 투표하고 왔니?

voz f 목소리 voice

vocal / 소리의, 음성의 verbal / 구두의, 말의

◈ Debes alzar tu **voz**. 목소리를 더 높여야 한다.

vuelo m 비행 flight

aviación / 비행, 항공부대

◈ El **vuelo** 747 hacia Los Ángeles está retrasado.
L.A행 747 항공편은 출발이 지연되었다.

vuelta f 순회, 거스름 turn, reverse

ida y vuelta / 왕복

◈ La escuela está a la **vuelta** de mi casa.
집에서 한바퀴 돌면 학교이다.

vulgar adj 상스러운, vulgar
저속한

invectiva / 욕설 mala palabra / 욕, 나쁜말

◈ La decoración de esta casa es **vulgar**.
이 집의 인테리어는 특별하지 않다.

Y y

y   conj ~와, ~과, 그리고   and
e / 접속사 y가 I 나 h 로 시작하는 단어 앞에 올때
aguja e hilo / 실과 바늘   pues / 그러니까
- En mi bolso llevo la billetera, mi agenda **y** mi monedero.
  나는 내 가방에 지갑, 다이어리, 그리고 동전지갑을 가지고 다닌다.

ya   adv 이미, 벌써   already
todavía / 아직
- ¿**Ya** terminaste la tarea? 숙제 다 끝냈어?

Z z

zapatilla   f   실내화, 슬리퍼   sleeper
pijama / 파자마, 잠옷
- Me gustan las **zapatillas** deportivas.
  난 스포츠화를 좋아한다.

zapato m 구두, 신발 shoe
sandalia / 샌들
▶ ¿No te incomodan esos **zapatos** de tacón?
그 굽 높은 구두가 불편하지 않아?

zona f 지역, 구역 zone
distrito / 구, 구역 barrio / 구역
▶ Esta **zona** es muy peligrosa. 이 지역은 매우 위험하다.

zoológico m 동물원 zoo
zoo / 동물원
▶ ¿Me pregunto si vamos al **zoológico** el miércoles?
수요일에 동물원에 가자고 해도 될까?

zumo m 즙, 액 juice
jugo / 과즙, 국물
▶ Hay que exprimir el **zumo**.
(즙을 짜내야 한다)최대한 이익을 뽑아내야 한다.

zurdo/a adj 왼손잡이의 left handed
izquierdo,a / 왼쪽의
▶ ¿Dónde se consiguen las cosas para **zurdos**?
왼손잡이를 위한 물건들은 어디서 구할 수 있습니까?

대화를 부드럽게 이어주는
~mente 단어

A

absolutamente	완전히, 절대적으로
abstractamente	추상적으로
accesoriamente	덧붙여
acostumbradamente	습관대로, 하던대로
activamente	적극적으로
actualmente	현재, 요즈음은
adaptadamente	적합하게
adelantadamente	미리, 먼저
afirmativamente	긍정적으로
afortunadamente	다행히도
agradablemente	즐겁게, 유쾌하게
amargamente	고통스럽게
ampliamente	광범위하게
anteriormente	이전에
aproximadamente	대략적으로, 거의
automáticamente	자동적으로, 기계적으로

B

bondadosamente	친절하게, 다정하게
brevemente	짧게, 간단하게
bruscamente	갑자기, 별안간
brutalmente	난폭하게, 잔인하게
buenamente	쉽게쉽게

C

cariñosamente	애정어리게, 사랑스럽게
categoricamente	단정적으로 보자면
ciertamente	확실하게
cifradamente	요약하면
claramente	분명하게
cómodamente	알맞게, 편하게
comparablemente	동등하게
comparativamente	비교적, 꽤
completamente	완전히
comúnmente	보통, 일반적으로
concretamente	구체적으로
condicionalmente	조건부로
consecutivamente	잇따라, 계속해서
consiquientemente	그러므로, 따라서
constantemente	확실히, 분명하게
continuamente	계속해서, 이어
contrariamente	반대로, 역으로 보자면
convencionalmente	습관적으로
correctamente	정확히
consecuentemente	따라서
cordialmente	진심으로
creiblemente	믿을 만하게

D

debidamente	예정대로, 반드시 그래야 할
decididamente	굳은 결심으로, 단단히
decisivamente	결정적으로
definitivamente	결론적으로
derechamente	곧바로, 직접
desafortunadamente	불행하게도
descuidadamente	방심하여, 주의깊지 못하게
desgraciadamente	유감스럽게도, 불운하게도
desmedidamente	터무니없이
desnudamente	적나라하게
diferentemente	따로따로, 다른방식으로
difícilmente	어렵게, 가까스로
directamente	직접적으로, 그대로
documentalmente	서류상으로
dramáticamente	극적으로
dulcemente	달콤하게, 부드럽게

E

económicamente	경제적으로
eficientemente	효과적으로, 능률적으로
emocionalmente	감동적으로, 감정적으로
enfáticamente	강조하여
escasamente	가까스로, 겨우
especialmente	특별히, 특히
espiritualmente	정신적으로

eventualmente	아마도, 가끔
exactamente	맞습니다!!
exepcionalmente	특히, 이례적으로
excesivamente	과도하게, 심하게
expresamente	분명하게, 명확하게
exteriormente	외적으로, 표면적으로
extraoficialmente	비공식적으로
extremadamente	극단적으로

F

fácilmente	쉽게
finalmente	최후에, 마지막으로
físicamente	육체적으로
francamente	솔직하게
frecuentemente	자주
friamente	차갑게, 쌀쌀맞게
fundamentalmente	기본적으로, 근본적으로

G

generalmente	일반적으로
geográficamente	지리적으로, 지리학상
geopolíticamente	지정학상으로
globalmente	대체로, 포괄적으로
gramaticalmente	문법적으로

graciosamente	우아하게, 상냥하게
gradualmente	점차적으로
gravemente	심각하게, 진중하게
groseramente	버릇없이, 무례하게

H

habitualmente	습관적으로, 늘
hermosamente	예쁘게, 아름답게
históricamente	역사적으로, 역사상
horizontalmente	수평적으로
humanamente	인간적으로

I

idealmente	이상적으로
idénticamente	마찬가지로, 똑같게
igualmente	동등하게, 마찬가지이다!!
imbécilmente	어리석게, 바보같이
imperfectamente	불완전하게
impetuosamente	격렬하게
imposiblemente	불가능하게
improvisadamente	갑자기, 별안간
impulsivamente	충동적으로
incidentalmente	우연히, 때맞침
incomparablemente	비할데없이

incondicionalmente	무조건으로, 조건 없이
increíblemente	믿을 수 없을 정도로
independientemente	독립적으로
individualmente	개인적으로
inmediatamente	즉각적으로
inmejorablemente	나무랄 데 없이
inseguramente	불확실하게
instintivamente	본능적으로
institucionalmente	제도적으로
instructivamente	교육적으로
intencionalmente	고의적으로
interiormente	내심으로는
internacionalmente	국제적으로
internamente	내부적으로
intuitivamente	직관적으로
invariablemente	틀림없이, 반드시
irónicamente	풍자적으로
irracionalmente	불합리하게
irregularmente	불규칙적으로

J

juntamente	함께
jurídicamente	법률상으로는, 사법상
justamente	공평하게, 정확히

L

largamente	오랫동안
lastimosamente	가엾게도
latamente	광범위하게
legalmente	법률상, 합법적으로
ligeramente	가볍게, 경솔하게
literalmente	글자그대로
livianamente	가볍게, 경박스럽게

M

magníficamente	훌륭하게
malamente	나쁘게
maravillosamente	경이적으로
materialmente	구체적으로, 실질적으로
máximamente	최대로, 첫째로
mayormente	주로, 일반적으로
medidamente	신중하게, 조심스럽게
mensualmente	달마다
mentalmente	마음속으로, 정신적으로
milagrosamente	기적적으로
miserablemente	불행하게, 비참하게
modernamente	현대적인 면에서는
moralmente	도의상, 도덕적으로
mundialmente	세계적으로
mutuamente	상호간에, 서로

N

nacionalmente	국가적으로
naturalmente	당연히, 자연스럽게
necesariamente	반드시, 당연히
negativamente	부정적으로, 소극적으로
nerviosamente	신경질적으로
nitidamente	청초하게
nominalmente	명목상으로
normalmente	정상적으로, 보통은
nuevamente	다시, 새롭게

O

objectivamente	객관적으로
ocasionalmente	우연히
oficialmente	공식적으로
oportunamente	딱 맞게
orgullosamente	자랑스럽게
originalmente	처음에는, 애초에는
oscuramente	막연하게, 애매하게

P

pacíficamente	이의없이, 평화적으로
parafrásticamente	부연해서, 바꾸어말해
paraleramente	병행하여

partidamente	따로, 별개로
pausadamente	차근차근하게
perfectamente	완벽하게
periódicamente	정기적으로, 주기적으로
personalmente	개인적으로
posiblemente	아마
posteriormente	뒤에, 후에
prácticamente	실제적으로
precisamente	정확하게, 한치의 틀림없이
preferentemente	우선적으로
previamente	미리, 사전에
probablemente	아마도
profesionalmente	직업적으로
profundamente	깊이, 마음속으로부터
públicamente	대중적으로
puntualmente	정확하게, 꼼꼼하게

R

racionalmente	합리적으로
radicalmente	근본적으로
raramente	드물게
razonablemente	합리적으로, 합당하게
realmente	실제로, 진실로
recientemente	최근에, 근자에
regularmente	규칙적으로, 정식으로
reiteradamente	반복적으로
relajadamente	느긋하게

relativamente	상대적으로, 비교적으로
repartidamente	세분하여
repentinamente	갑자기, 별안간
respectivamente	제각각
responsablemente	책임상으로
ruidosamente	씨끄럽게

S

sabrosamente	맛있게
saludablemente	건전하게
salvamente	안전하게
secretamente	비밀리에
seguidamente	계속적으로
seguramente	틀림없이
semanalmente	주간으로
sencillamente	단지, 솔직히
sensiblemente	감정적으로
sentimentalmente	감성적으로
separadamente	따로따로
seriamente	신중히
significativamente	의미있게
silenciosamente	조용하게, 잠자코
simplemente	단지, 단순하게
sinceramente	마음으로부터, 진정으로
singularmente	개별적으로, 낱낱이
solamente	오직, 단지

suavemente	부드럽게, 다정하게
suficientemente	충분하게
sumamente	극히, 극도로
sustancialmente	본질적으로

T

tasadamente	규정에 맞게
técnicamente	기술적으로
tercamente	완고하게
timidamente	조심스럽게
totalmente	완전히, 전체적으로
tranquilamente	차분하게

U

únicamente	오로지, 유일하게
unilateralmente	일방적으로
unívocamente	포괄적으로

V

virtualmente	실제로, 사실상
voluntariamente	자발적으로
voluntariosamente	변덕스럽게

분야별단어

동물(animal)

스페인어	영어	한국어
abeja	bee	벌
águila	eagle	독수리
anchoa	anchovy	멸치
anguila	eel	뱀장어
araña	spider	거미
ardilla	squirrel	다람쥐
atún	tuna	참치
ballena	whale	고래
burro	donkey	당나귀
caballa	mackerel	고등어
caballo	horse	말
cachorro	puppy	강아지
calamar	squid	오징어
camarón, gamba	shrimp	새우
camello	camel	낙타
cangrejo	crab	게
caracol	snail	달팽이
chango	monkey	원숭이
ciervo	deer	사슴
concha	shell	조개
conejo	rabbit	토끼
cuervo	crow	까마귀
delfín	dolphin	돌고래
elefante	elephant	코끼리

gallina	hen	암탉
ganso	goose	거위
gato	cat	고양이
gusano	worm	구더기
hormiga	ant	개미
jabalí	wild boar	멧돼지
jirafa	giraffe	기린
langosta	lobster	가재
león	lion	사자
lobo	wolf	늑대
lombriz	earthworm	지렁이
mariposa	butterfly	나비
mosca	fly	파리
mosquito	mosquito	모기
oso	bear	곰
oveja	sheep	양
pájaro, ave	bird	새, 조류
paloma	dove	비둘기
pato	duck	오리
pavo	turkey	칠면조
perro	dog	개
pollo	chicken	닭
pollito	chick	병아리
pulga	flea	벼룩
puerco, cerdo	pig	돼지
pulpo	octopus	문어
rana	frog	개구리
rata	rat	쥐
ratón	mouse	생쥐, (컴퓨터의) 마우스

salmón	salmon	연어
saltamontes	grasshopper	메뚜기
sardina	sardine	정어리
serpiente, culebra	snake	뱀
tiburón	shark	상어
tigre	tiger	호랑이
toro, res	bull	소
tortuga	turtle	거북이
trucha	trout	송어
venado	deer	사슴
zorro	fox	여우

옷(ropa)

스페인어	영어	한국어
abrigo	coat	외투, 코트
blusa	blouse	블라우스
bota	boots	부츠
botón	button	단추
bufanda	scarf	목도리, 스카프
calcetín	sock	양말
calzónes, calzoncillo	panties	팬티
camisa	shirt	와이셔츠
camiseta	undershirt	언더셔츠
chaleco	vest	조끼
cinturón	belt	벨트
corbata	necktie	넥타이
corsé	corset	코르셋

faja	girdle	거들
falda	skirt	치마, 스커트
gabardina	gabardine	긴 겉옷
impermeable	raincoat	우비
jersey	jersey	져지, 점퍼
manga	sleeve	소매
media	stocking	스타킹
pantalón	trousers	바지
pijama	pajamas	파자마
sostén	brassiere	브래지어
suetér	sweater	스웨터
traje	suit	정장, 수트
vestido	dress	드레스

신체(cuerpo)

스페인어	영어	한국어
amígdala	tonsil	편도선
ano	anus	항문
apéndice	appendix	맹장
arteria	artery	동맥
articulación	joint	관절
barba	beard	수염
bigote	mustache	콧수염
boca	mouth	입
brazo	arm	팔
cabello	hair	머리털
cabeza	head	머리
caca	poop	똥

cara	face	얼굴
ceja, pestaña	eyebroe	눈썹
celula	cell	조직
cerebro, seso	brain	뇌, 이성
cintura	waist	허리
codo	elbow	팔꿈치
corazón	heart	심장
costado	flank	옆구리
costilla	rib	늑골
dedo	finger, toe	손가락, 발가락
diente	tooth	이빨
encía	gum	잇몸
espalda, dorso	back	등
esperma	sperm	정액
espina	spine	척추, 가시
esqueleto	skelton	해골
estómago	stomach	위
excremento	excrement	대변
frente	front	이마
garganta	throat	목
hígado	liver	간
hombro	shoulder	어깨
hoyuelo	dimple	보조개
hueso	bone	뼈
intestino	intestine	장
labio	lip	입술
lagaña	sleep	눈곱
lengua	tongue	혀, 언어
mandíbula	jaw	턱

mano	hand	손
mejilla	cheek	뺨
miembro	penis	음경, 멤버
muela	back tooth	어금니
muñeca	wrist	손목, 인형
músculo	muscle	근육
nalga, cadera	hip	궁둥이
nervio	nerve	신경
nuca	nape	목덜미
nariz	nose	코
ojo	eye	눈
ombligo	navel	배꼽
oreja	ear	귀
órgano	organ	기관
ovario	ovary	난소
palma	palm	손바닥
pantorrilla	calf	종아리
pecho	chest	가슴
pelvis	pelvis	골반
pie	foot	발
pierna	leg	다리, 허벅지
planta	sole	발바닥
pómulo	cheekbone	광대뼈
pulmónes	lung	폐
pulso	pulse	맥박
puño	fist	주먹
pupila	pupil	눈동자
riñónes	kidney	신장
rodilla	knee	무릎

saliva, baba	spit	침
sudor	sweat	땀
talón	heel	뒤꿈치
tobillo	ankle	발목
tripa	gut	창자
útero	womb	자궁
uña	nail	손톱
vena	vein	정맥, 혈관
vientre	abdomen	배, 복부
viscera, entraña	viscera	내장

일반음식(comida)

스페인어	영어	한국어
aguacate	avocado	아보카도
ajo	garlic	마늘
ajonjolí	sesame	깨
almíbar	syrup	시럽
arroz	rice	쌀
avena	oats	귀리
azúcar	sugar	설탕
barbacoa	barbecue	바비큐
berenjena	eggplant	가지
berza, col	cabbage	양배추
bizcocho	sponge cake	카스텔라
cacahuate, maní	peanut	땅콩
calabaza	pumpkin	호박
camote	sweet potato	고구마

caramelo	caramel	캐러멜
carne	meat	고기
castaña	chestnut	밤
cebada	barley	보리
cebolla	onion	양파, 파
cebolleta	green onion	파
champiñón, hongo	mushroom	버섯
chicle	chewing gum	껌
chile	chili	고추
chorizo	chorizo	순대(소시지)
chuleta	chop	갈비
condimento	condiment	조미료
crema	cream	크림
ensalada	salad	샐러드
espárrago	asparagus	아스파라거스
espinaca	spinach	시금치
fideo	noodle	면, 국수
fríjol, haba	bean	콩
galleta	cookie, biscuit	과자
grano	grain	곡물
harina	flour	밀가루
huevo	egg	계란
jamón	ham	햄
jengibre	ginger	생강
ketchup	ketchup	케찹
leche	milk	우유
lechuga	lettuce	상추
maíz	corn	옥수수
mantequilla	butter	버터

marisco	seafood	해산물
mayonesa	mayonnaise	마요네즈
miel	honey	꿀
mostaza	mustard	겨자
nuez	walnut	호두
ostra	oyster	굴
palomitas	popcorn	팝콘
pan	pan	빵
papa, patata	potato	감자
pastel	cake	케이크
pepino	cucumber	오이
perejil	parsley	미나리(파슬리)
pescado, pez	fish	물고기, 생선음식
pimienta	pepper	후추
pimentón	paprika	피망, 파프리카
postre	dessert	후식
queso	cheese	치즈
rábano	radish	무
sal	salt	소금
salchicha	sausage	쏘시지
salsa	sauce	살사(소스)
sopa	soup	수프
sorgo, zahína	sorghum	수수
té	tea	차, 티
tocino	bacon	베이컨
tomate	tomato	토마토
trigo	wheat	밀
verdura	vegetable	야채
vinagre	vinegar	식초

vitamina	vitamin	비타민
zanahoria	carrot	당근

과일(fruta)

스페인어	영어	한국어
banana, plátano	banana	바나나
caqui	persimmon	감
cereza	cherry	체리, 앵두
ciruela	plum	자두
durazno, melocotón	peach	복숭아
fresa	strawberry	딸기
kiwi	kiwi	키위
limón	lemon, lime	레몬
mandarina	tangerine	밀감
mango	mango	망고
manzana	apple	사과
melón	melon	멜론
naranja	orange	오렌지
papaya	papaya	파파야
pasa	raisin	건포도
pera	pear	배
piña	pineapple	파인애플
sandía	watermelon	수박
toronja	grapefruit	자몽
uva	grape	포도

색깔(color)

스페인어	영어	한국어
amarillo	yellow	노란색
azul	blue	파랑색
blanco	white	흰색
caqui, kaki	khaki	카키색
celeste	sky blue	하늘색
gris	gray	회색
índigo	indigo	남색
morado, púrpura	purple	자주색, 보라색
marrón	brown	고동색
naranja	orange	주황색
negro	black	검정색
rojo	red	빨강색
rosa	pink	핑크색
verde	green	초록색

요일(día de la semana)

스페인어	영어	한국어
lunes	Monday	월요일
martes	Tuesday	화요일
miércoles	Wednesday	수요일
jueves	Thursday	목요일
viernes	Friday	금요일
sábado	Saturday	토요일
domingo	Sunday	일요일

계절(estación)

스페인어	영어	한국어
primavera	spring	봄
verano	summer	여름
otoño	autumn, fall	가을
invierno	winter	겨울

달(mes)

스페인어	영어	한국어
enero	January	1월
febrero	February	2월
marzo	March	3월
abril	April	4월
mayo	May	5월
junio	June	6월
julio	July	7월
agosto	August	8월
septiembre	September	9월
octubre	October	10월
noviembre	November	11월
diciembre	December	12월

나라(pais)

스페인어	영어	한국어
Alemania	Germany	독일
China	China	중국
Corea	korea	대한민국
Dinamarca	Denmark	덴마크
Egipto	egrpt	이집트
España	Spain	스페인
Estados Unidos	USA	미국
Francia	France	프랑스
Grecia	greece	그리스
Holanda	Holland	네덜란드
Inglaterra	England	영국
Italia	Italy	이탈리아
Japón	Japan	일본
México	Mexico	멕시코
Noruega	Norway	노르웨이
Portugal	Portugal	포르투갈
República Checa	Czech Republic	체코
Russia	Rusia	러시아
Suiza	Swiss	스위스
Tailandia	Thailand	태국
Turquía	Turkey	터키
Vietnam	Vietnam	베트남

질병(enfermedad)

스페인어	영어	한국어
angina de pecho	angina	협심증
apendicitis	appendicitis	맹장염
apoplejía	apoplexy	뇌졸중
artritis	arthritis	관절염
asma	asthma	천식
asco	disgust	메스꺼움
bocio	goiter	갑상선종
bronquitis	bronchitis	기관지염
calambre	cramp	경련, 쥐
cáncer	cancer	암
cardiopatía	heart disease	심장병
catarata	cataract	백내장, 폭포
demencia	dementia	치매
depresión	depression	우울증
desmayo	faint	기절
diabetes	diabetes	당뇨병
diarrea	diarrhea	설사
dolor de menstrual	menstrual pain	생리통
eczema	eczema	습진
entiritis	enteritis	장염
estreñimiento	constipation	변비
gastritis	gastritis	위염
gripe, resfriado	flu, cold	감기
hemorroides	hemorrhoids	치질
hipertensión	hypertension	고혈압

indigestión	indigestion	소화불량
insomnio	insomnia	불면증
intoxicación alimenticia	food poisoning	식중독
leucemia	leukemia	백혈병
narcolepsia	narcolepsy	기면증
náuseas	sickness	멀미, 구토
osteoporosis	osteoporosis	골다공증
pulmonía	pneumonia	폐렴
reumatismo	rheumatism	류머티즘
sonambulismo	somnambulism	몽유병
tonsilitis	tonsillitis	편도선염
vértigo	vertigo	현기증

서수 (número ordinal)

스페인어	영어	한국어
primero	first	첫째(의)
segundo	second	두 번째(의)
tercero	third	세 번째(의)
cuatro	fourth	네 번째(의)
quinto	fifth	다섯 번째(의)
sexto	sixth	여섯 번째(의)
séptimo	seventh	일곱 번째(의)
octavo	eighth	여덟 번째(의)
noveno	ninth	아홉 번째(의)
décimo	tenth	열 번째(의)
vigésimo	twentieth	20 번째(의)

trigésimo	thirtieth	30 번째(의)
cuadragésimo	fortieth	40 번째(의)
quincuagésimo	fiftieth	50 번째(의)
sexagésimo	sixtieth	60 번째(의)
septuagésimo	seventieth	70 번째(의)
octogésimo	eightieth	80 번째(의)
nonagésimo	ninetieth	90 번째(의)
milésimo	thousandth	천 번째(의)

품사(parte de la oración)외

스페인어	영어	한국어
adjetivo	adjective	형용사
advervio	adverb	부사
antónimo	antonym	반대어
artículo	article	관사
conjunción	conjunction	접속사
consonante	consonant	자음
exclamación, interjección ,	exclamation interjection	감탄사
femenino	a feminine noun	여성명사
imperativo	imperative	명령어
masculino	a masculine noun	남성명사
plural	plural	복수, 복수의
preposición	preposition	전치사
pronombre	pronoun	대명사
singular	singular	단수, 단수의
sinónimo	synonym	유사어

verbo	verb	동사
intr. verbo	intransitivo	자동사
tr. verbo	transitivo	타동사
vocablo	word	단어
vocal	vowel	모음

숫자(número)

스페인어	영어	한국어
cero	zero	0
uno	one	1
dos	two	2
tres	three	3
cuatro	four	4
cinco	five	5
seis	six	6
siete	seven	7
ocho	eight	8
nueve	nine	9
diez	ten	10
once	eleven	11
doce	twelve	12
trece	thirteen	13
catorce	fourteen	14
quince	fifteen	15
dieciséis (diez y seis)	sixteen	16
diecisiete (diez y siete)	seventeen	17
dieciocho (diez y ocho)	eighteen	18

diecinueve (diez y nueve)	nineteen	19
veinte	twenty	20
veintiuno (veinte y uno)	twenty-one	21
veintidós (veinte y dos)	twenty-two	22
treinta	thirty	30
reinta y tres	thirty-three	33
treinte y cuatro	thirty-four	34
cuarenta	forty	40
cuarenta y cinco	forty-five	45
cincuenta	fifty	50
cincuenta y seis	fifty-six	56
sesenta	sixty	60
sesenta y siete	sixty-seven	67
setenta	seventy	70
setenta y ocho	seventy-eight	78
ochenta	eighty	80
ochenta y nueve	eighty-nine	89
noventa	ninety	90
noventa y nueve	ninety-nine	99
ciento (cien)	hundred	100

가게(tienda)

스페인어	영어	한국어
barbería	barbershop	이발소
cafetería	cafe	까페
carnecería	butcher's shop	정육점
confitería	patisserie	제과점
cervecería	bar	맥주집
droguería	drugstore	약국
dulcería	candy store	사탕가게
estanco	tobacconist's	담배가게, 연쇄점
ferretería	hardware store	철물점
floristería	flower shop	꽃가게
gasolinera	gas station	주유소
joyería	jewelry shop	보석가게
juguetería	toy store	장난감가게
lavandería	laundry	세탁소
librería	bookstore	서점
mueblería	furniture store	가구점
panadería	bakery	빵집
papelería	stationery	문방구
peluquería	hair saloon	미용실
perfumería	perfumery	향수가게
tenería	leather shop	가죽가게
tintorería	dry-cleaner's	옷 수선가게
zapatería	shoe store	신발가게

방향(dirección)

스페인어	영어	한국어
este	east	동
oeste	west	서
sur	south	남
norte	north	북
polo sur	south pole	남극
polo norte	north pole	북극

학문(ciencia)

스페인어	영어	한국어
administración de empresas	business administration	경영학
anatomía	anatomy	해부학
antropología	anthropology	인류학
arqueología	arch(a)eology	고고학
astronomía	astronomy	천문학
biología	biology	생물학
ciencia de administración pública	science of public administration	행정학
ciencia de alimentación	food science	식품과학
ciencia de militar	military science	군사학
contaduría	accounting	회계학
ecología	ecology	생태학
economía	economics	경제학

estadística	statistics	통계학
ética	ethics	윤리학
etnología	ethnology	인종학
filología	philology	어문학
filosofía	philosophy	철학
física	physics	물리학
genética	genetics	유전학
geografía	geography	지리학
geología	geology	지질학
geometría	geometry	기하학
historía	history	역사학
informática	computer science	정보학
ingeniería	engineering	기계공학
jurisprudencia	jurisprudence	법학
lingüística	linguistics	언어학
matemáticas	mathematics	수학
medicina	medicine	의학
meteorología	weather science	기상학
pedagogía	pedagogy	교육학
política	politics	정치학
psicología	psychology	심리학
química	chemistry	화학
sociología	sociology	사회학
tecnología	technology	기계공학

인척(familiar, pariente/a)

스페인어	영어	한국어
cuñado	brother-in-law	형부, 매형, 매제, 처남
cuñada	sister-in-law	처제, 형수, 시누이, 올케
hermano	brother	형제
hermana	sister	자매
familiar	relative	가족의, 친척
nuera	daughter-in-law	며느리
yerno	son-in-law	사위
nieto	grandson	손자(남)
nieta	granddaughter	손자(여)
primo	cousin	사촌(남)
prima	prima	사촌(여)
sobrina	niece	조카(여)
sobrino	nephew	조카(남)
suegra	mother-in-law	시어머니, 장모
suegro	father-in-law	시아버지, 장인
tío	uncle	삼촌
tía	aunt	숙모

인칭(persona)

스페인어	영어	한국어
yo	I	나
tú, usted(ustedes)	you	너, 당신(복수)
él	he	그
ella	she	그녀
ellos, ellas	they	그들
nosotros	we	우리
vosotros	you	너희들, 너
mío, mía	mine	나의
tuyo, tuya	yours	너의, 당신의
suyo, suya	his, hers, yours, theirs	그의, 그녀의 당신들의, 그들의
nuestro, nuestra	our	우리들의
vuestro, vuestra	your	너희들의, 당신들의
te	you	너를, 당신을
tu(tú의 소유격)	your	너의, 당신의
ti(tú의 전치사격)	you	너, 당신
me	me	나를, 나에게
mi, mío, a (yo의 소유격)	my	나의
mí(yo의 전치사격)	my	나
su, sus (suyo의 생략형)	his, hers yours, theirs	그의, 그녀의 당신들의, 그들의
nos	us	우리들을, 우리에게
os	you	너희들을, 너희에게

가감승제(+, −, ×, ÷)

스페인어	영어	한국어
adición	addition	더하기
substracción, resta	subtraction	빼기
multiplicación, más	multiplication	곱하기
división	division	나누기

*불친절한
스페인어
실용단어장*

펴낸이 정의한
예 문 김인수
디자인 박지숙, 이 곤
펴낸날 초판발행 2010년 8월 12일
       2쇄발행 2013년 3월 7일
펴낸곳 출판 나다
주 소 서울시 마포구 서교동 401-19 203호
       T. 010-9146-3959 jjwaits@naver.com
찍은곳 (주)현문 자현
ISBN 978-89-964756-0-6 11770

이 책의 판권은 지은이에게 있습니다.
내용의 일부와 전부를 무단 전재하거나 복제를 금합니다.

값 14,000원